博士が愛する『幸せ』の公式

～僕と私の時空間ストーリー～

この本は、人生を変えたい人のための読み物です
テーマは、東洋の知恵をベースにした独自のコーチング手法
一人でも多くの悩める人に、この本が届きますように……

仕事が楽しくない人
生きることがつらい人
どうして生まれてきたのかわからない人
何をやってもうまくいかない人
プライベートがボロボロの人
会社を辞めたい人
何もかも投げ出したい人
動き出せずに困っている人
とにかくしんどい人

そんな誰もが、生き生きと突き動かされる『幸せ』の公式
無意識の奥にある『コア』に触れると、誰もが『涙』する
そして、見つかる『自分軸』

困難を前に、自分に背中を押され、自分らしく前に進む
東洋思想をベースに、帝王学とコーチングをミックス
人を幸せにする、オリジナルのコーチング手法
『ミッション・メンタリング』

名だたる経営者はもちろん
工学博士・理学博士が絶賛！　集結！
そのコーチングは
誰もが幸せになるための
『神様』の公式

目次

目　次

プロローグ

古事記の中にある話です。

ある男が、仲間とともに船に乗り込みました。浦賀水道を渡り神奈川から千葉へ、目指すはまだ見ぬ房総の地です。目の前にはキラキラと穏やかに光る海。どこか懐かしい潮の香り、波の音。優しく肌をなでる風に、魂の奥がくすぶられるようです。

ゴクリと唾を飲み込むと、男は目を輝かせながら言いました。

「なんて小さな海だ。ピョンと飛び上がって向こう岸まで渡れそうだ」

その瞬間、穏やかだった海が突如荒れ始めたのです。強い風が吹き、雨が落ち始めたかと思うと、あっという間に大しけです。木の葉のようにコントロールを失った船は、まったく前に進みません。巨大な暴れ馬の背中のように、甲板は上へ下へと激しく動きます。誰もが投げ出されないように必死です。

「これは、きっと海の神の怒りです」

声がした方に目をやると、愛する妻の姿がありました。海に投げ出されないよう、手すりを強くつかんだまま、男の目をキッと見つめています。雷鳴が聞こえました。稲妻が走る空からは、強風をものともせずに大粒の雨が降りつづけます。

「あなたには、使命があります。無事に海を渡り切らなければなりません」

くちびるを噛み締めながら、妻は強くそう言いました。

「私の命であなたが助かるなら……」

その言葉は、大きな雷鳴でかき消されます。甲板に打ちつける雨音だけが耳に響きます。

「あなたの代わりに私が海へ入らせてもらいましょう……」

そう言い終わらないうちに、妻は、海に落ちたのです。

男は、ただ呆然と見ているとしかできませんでした。

するとたちまち波は穏やかになりました。

空は明るく、雨はやみました。

そして一行は、無事に海を渡ることができました。

X = Y の章

1

工学博士

千葉県の海沿いの町に博士は住んでいる。

「騙されたと思って会ってごらん」

少し前に起業したという知人の知人、つまり知人B（女性／笑顔が爽やか／仕事が楽しそう）に紹介されて、僕はわざわざこの町に来た。新幹線以外の電車に二時間も乗ったのは久しぶりだ。なんだかお尻の皮が少し緩んだような気がする。

お尻の話は置いておいて、電車から降りた瞬間、ホームの開放感に驚いた。どう説明すればいいか難しいのだが、駅しかないのだ。左右を走る二本の線路に挟まれた細長いホーム。四本のレールが仲良く一直線に、見えなくなるまで続いている。その線路の上をかけ抜けてきた無機質な風が、僕をすり抜けて次の駅へと向かう。

ホームから階段を上がって、改札を出た。それからまた階段を下りて一階に到着。駅を出てしばらく歩いて振り返ると、円柱型のきれいな駅舎（二階建）が目に入った。僕は考える。ちょっと待てよ。この駅にこの駅舎って、ちょっと立派すぎないか？

う～ん……、今度ＪＲに勤める友人に聞いてみよう。

さてさて、そんなことより、博士の風貌だ。

待ち合わせたファミレス（駅から徒歩九分／幹線道路沿い）で、僕は先に来ていた博士を見つけると会釈した。博士が博士であることを確認してからの名刺交換。流れるような共同作業。

カメラをお持ちの方、どうぞ前の方へ……、違うか。そして博士と向かい合わせに座ると、僕は無意識に博士を凝視した。いや、正確に言うと、博士の額を凝視していた。

ほぼ額なのだ……。

いや、ちょっと説明が難しいんだけれど、わかりやすく言うと頭に毛がないのだ。

もちろん、毛がない人は初めてではない。博士の場合はそれが芸術的なのだ。まぁ、どこからどこまで額かというありがちな議論は残るが、とにかく見事なハゲっぷりだ。いくら目を凝らしても、うぶ毛の一本も見当たらない。しかも左右対称、まるで電球のような美しい形状。完璧なるシンメトリー。英語で言うとビューティフルなフォルムだ。電球が服を着て、メガネをかけているというとわかりやすいかもしれない。

手渡された名刺には『篠田法正』と書かれていた。苗字はシノダでいいとして、下の名前はどうだ。『のりまさ?』『のりただ?』それともまさかの『ほうせい?』。う〜ん……。ぐるぐると思考が回る。博士の口からは、最後のまさかが飛び出した。

「しのだ　ほうせい、と読みます。お坊さんですかとよく聞かれますが、お坊さんではありません」

そう言ってから、博士は自分の頭をなでた。八百屋さんがスイカの汚れをきれいに拭き取るかのようなで方に、僕は思わず笑いそうになった。

博士は、有名国立大学の大学院卒。専攻は化学。卒業後、誰もが知っている大手企業に研究者として就職。その後、アメリカに留学してから博士号を取得。

はぁ〜……、いやいや、改めて文字にしてみると、しなくてもだけどすごすぎる。バリバリ理系の満点キャリアだ。そんな堅い経歴とは裏腹に博士の口癖はこうだ。

「もっと笑いを取りたいんですよ」

化学者が笑いを取る必要なんてあるんだろうか。

「博士なんですから、スベってもいいんじゃないでしょうか」

僕がそう言うと博士は答えた。

「私の前でスベるなんて言っちゃダメなんですよ。ちなみに抜けるもダメですからね。私の前では禁句が多いんですよ」

そう言いながら、再び八百屋さんがスイカの汚れを拭き取るように頭をなでた。


「私ね、以前、研究者だったときには、特許を百件くらい出願したんです」

博士は少し胸を張って言った。

「特許⁉　百件もですか⁉」

驚く僕に博士は続ける。

「そう、特許です。特許。早口言葉にあるでしょ。東京特許きょきゃきょきょ」

「言えてないじゃないですか」

「たとえば、身体の中で溶けてなくなる手術用の糸でしょ、制ガン剤用の樹脂でしょ、植物から作るプラスチックに、消えるゴム……」

「ちょっと待ってください。植物から作るプラスチックや消えるゴムなんて何の役に立つんですか？」

「自然に優しいんですよ」

「自然？」

「そうです。私は女性にやさしい」

「何の話ですか？」

「自然に分解されないプラスチックやゴムが、海を汚染しているんです。マイクロプラスチック、聞いたことないですか？　自然に分解されるって大事なことなんですよ」

僕は「へ～」と尊敬の眼差しで博士を見る。

「極め付けは整髪剤」

「整髪剤？」

「そう、なんてことないようなものに思えて、湿度が高くても固形を保って、使い終わったら温水で洗い落とせるってのが難しい」

「そう言われるとわかる気が……」

「上司に整髪剤の研究をしろと言われた時は、嫌味かと思いましたよ」

そう言いながら、博士はツルツルの頭をまたまたなでた。キョトンとする僕に「笑うとこ」と小声で繰り返す。僕は、「笑えませんよ」と答えた。


僕と博士の出会いのシーンはこんな感じ。

まぁ、僕と博士の掛け合いはまだまだ続くことになるので、ここではこれくらいにして、この辺りで僕自身のこともお話ししておかなければね。だって、僕がどんな人間かってことは、この物語の中でそれなりに大切だと思うのだ。

自己紹介

僕は某国立大学の工学部土木科卒業。工学部に進んだ理由は工学が好きだったからでもなんでもなく、国語や歴史が好きではなかったからだ。古文や漢文なんてなんのために勉強するのか理解できず、教科書を開く気持ちにもならなかった。それに世界の歴史なんて僕には一ミリも興味のないことだった。高校は公立の進学校だったから、大学に進むことは既定路線。試験科目から国語や歴史を排除した結果、文句なしの理系一択。浪人するのはイヤだったから、適当に余裕がある偏差値でかつ、不測の事態を避けるため募集定員がそこそこ多い学科を選んだ結果、工学部土木科に白羽の矢が立ったのだ。おめでとう！　土木科！

そもそも勉強そのものに興味はなかったので、大学では彼女をつくって遊びまくった。四年生になるまで、僕は土木科が何を勉強するところなのか知らなかった。その結果、クラスに友人はゼロ。三年生の秋、研究室を選択する説明会があることも知らされていなかった。

「研究室どこにしたの？」

久しぶりに出席した必須科目の授業で、たまたま隣に座ったクラスメート（友人ではない）の言葉に僕の頭上に浮かぶクエスチョンマーク。その数秒後、来年の所属が決まっていないのは僕だけだと気づいたのだ。慌てて事務局に行くと、いつも親父ギャグばかり言う年配の事務局員に〝コンクリート研〟しか残っていないと説明された。コンクリート研は、説明するまでもないと思うけれど、コンクリート工学研究室の略だ。実験室は地下にあって、寒いし汚れるし……、まぁとにかくみんながあそこだけは避けたいと言っていた研究室だ。

「なんとかなりませんか？」

すがる目つきでそう言う僕に事務局員は答える。

「無理です。壊れた楽器です」

「？」

「どうにもならん」

「……」

僕はめでたくコンクリート工学を専攻することになった。


卒論は研究室の先輩に三万円で書いてもらった。出費は痛かったけれど、自分で書けないんだから仕方がない。タイトルは忘れた。速乾コンクリートを固めて作った鉄コン筋クリートの柱を、いや違う、こっきんてんくりーと、いや違う、鉄筋コンクリートの柱を、少しずつ荷重をかけて夜な夜な破壊した。実験中は退屈だったので、夜店で買ったひょっとこのお面にコンクリートを流し込んで、〝コンクリートひょっとこ〟を量産した。教授にバレて「速乾コンクリートは高いんだぞ！」と、一時間ほど説教された。

ある日、教授室に呼ばれた。

何か怒られるようなことしたかなと、記憶をたどる僕に教授は言った。

「何も言わず、助手席に乗れ」

僕は山奥に拉致されるのだと思った。それくらい教授には何度も本気で怒られていた。そうそう、教授のタバコをほぐして葉を抜き取ったところに爆竹を埋め込んで、葉を戻して整形した時だ。教授の部屋から突如破裂音がしたあと、教授は三時間ほど血眼になって僕を探していたと先輩から聞いた。デート中で良かったと僕は胸をなでおろしていた。

教授の車は本当に山奥に向かっていた。そろそろ本気で不安になってきた頃、車は大きな門柱の間を通って広い敷地の中へと入っていった。プレハブ小屋の近くに駐車すると教授は「降りろ」と言った。言われるがままに車から出ると、教授は背後にあった高さ一〇メートルはあろうかという大きな砂利の山を指さして言った。

「登れ」

「は？」

「登れ！走れ！」

僕はかけ上った。ジャラジャラと崩れるので砂利の山は走りにくい。背後から銃撃されるかも。そんな恐怖と戦いながら登頂すると教授は言った。

「降りてこい」

なんなんだ？　そう思いながら下山した僕に教授は言った。

「ここがお前の就職先だ」

「へ？」

「お前は、ここに就職するんだ」

就職なんてどうにでもなると思っていたので、就職活動なんてしていなかった。そういえば誰かが、理系は教授が就職先を紹介してくれるから就職活動しなくていいと言っていたことを思い出した。

「ちょっと待っ……」

僕は何かを言おうとしたが、何を言っていいかわからなかった。飲み込んだ言葉は苦かった。

帰りの車の中で、就職先は大手セメント会社だと聞かされた。

いつまでも学生でいられないことはわかっている。

『でも、僕はなんのために生まれてきたんだろう？』

大きな問いが、ドドーンと僕のど真ん中にそびえ立った。セメント会社で働くために、僕は子供の頃から塾に通って勉強してきたんだろうか。このまま定年までセメントを売って人生を終えるんだろうか。思いつく限りの小さな思考は、そびえ立つ大きな問いの前では無力だった。

教授は僕がこの会社に就職することが当たり前だと思っている。両親は僕が社会人になって一人立ちしていくと信じている。迫り来るタイムリミットと現実に、僕は太刀打ちできなかった。

そして僕は大手セメント会社の社員となった。


入社してみると、思っていた以上に堅い会社だった。扱っている商品がセメントだけに……。そんなこと言ってる場合じゃないけれど、上司も先輩もみんなカチコチの堅物だった。それにブラック企業とまでは言わないが、間違いなくこれまたセメントだけにグレー……。上司の言うことは絶対で、サービス残業は当たり前。上司より遅く出社するだけで「仕事ができる人は違うねぇ、若いのに」と毎回目を見ずに嫌味を言われた。しかも倒置法だ。腹立つ〜！

仕事に慣れてきたころ、どう見ても何もしていない社員がいるので、どういう人なのか先輩に尋ねると教えられた。

「悪いことさえしなければクビにはならないから、このまま定年まで勤めることだけを考えてる人たちだよ」

また別の日、どう見ても五〇歳近い社員がいきなり出社してきたので驚いていると、これまた教えられた。

「メンタルダウンによる休職と復職を繰り返している先輩だよ」

クビにならないんだろうか？　素朴な疑問が浮かんだ。

「休職期間と回数を、規定の中で繰り返していればクビにはならないんだよ」

僕は驚いた。

そんなのアリなのか？　給料さえもらえればなんでもいいのか？　生き甲斐ってなんだ？　仕事ってなんだ？　人生ってなんだ？　生きるってどういうことだ？　お金をもらう権利を手にして、息を止めないことが生きるってことなのか？


課長からは、日常のちょっとした冗談に目くじら立てて怒られた。結構失礼な冗談も、みんな笑って許してくれた学生時代が懐かしかった。

新入社員歓迎会の翌日、僕は先輩に呼び出されて真面目な顔で説教された。

「無礼講だというのは、表向きだ」

「は？」

僕には言葉の意味がわからなかった。

「僕、セメント売るために生まれてきたわけじゃないと思うんですよね」

ある日のお昼休み、パンをかじりながらそう言うと、先輩たちはみんな口をあんぐり開けて僕を見た。

『不真面目』というレッテルが貼られた僕は思い知った。心が狭いと思っていた研究室の先輩や教授は、実に心の広い人たちだったのだ。

僕は当然のごとく上司に毛嫌いされるようになった。寝つきも寝起きも悪くなった。それが次第に、朝起きようとしても身体が動かないという実感に変わり始めた。

まぁ、いろいろと話したおかげでちょっと長くなったけれど、こうして僕は生きる意味を失っていたのだ。生きづらいという現実だけが目の前に横たわっていた。

お酒を飲むと、胸の奥でとぐろを巻いている得体の知れないザワザワがおさまって楽になった。いつの間にか、僕はお酒に走るようになった。

駅前にあるレガーメという名のイタリア料理店が、僕の居場所になった。カウンターでお酒だけ飲んでいれば、そんなに高いお会計にはならない。イタリア料理だからイタリア語だと思うのだが、レガーメがどういう意味かは知らない。薄い水割りを数杯だったのが、濃い水割りを通って、僕は赤ワインへとたどり着いた。

いつも飲む銘柄は決まっていてペッシェヴィーノ・ロッソ。お店の人にたまたま勧められて飲んだワインだけれど、甘くなくて安くてちょうどいい。ボトルは魚を立てたような形。他のボトルと並ぶと、仲間はずれみたいでなんだか気に入った。一本丸ごと飲み干すと、頭がクラクラしてその日は眠れる気がした。

そのレガーメで、注射器の針を作るメーカーで働いているという男性と友達になった。その友達がある日連れてきていた知人女性、僕から見て知人Bの女性が、僕に言ったのだ。

「騙されたと思って会ってごらん」

僕は最後のワインを飲み干しかけていた。

X = X の章

1

自分探し

「騙されたと思って行ってみない？」

　私は高級住宅街にある隠れ家的なエステサロンで働いている。常にトップというほどではないけれど、指名はそこそこ多い方だし、それなりに美人だとよく言われる。たまたま訪れた芸能事務所の社長に気に入られて、アイドルやプロレスラーをマッサージしたりもするんだ。これちょっと自慢だね。有名人はお店に来られないから、夜中に突然電話が鳴って、高級ホテルに呼び出されるんだ。口にチャックだけどね。

　土日は、将来を睨んで、スキルアップのためにアロマの学校で猛勉強中。学ぶって楽しいし、自分が成長している実感って絶対大事だと思うんだ。

　一緒にアロマを学ぶ友達とは、いつか一緒に健康ハウスのようなサロンをつくろうねって、夢を語り合っている。ただ癒すのではなくって、訪れてくれる人の心と身体を根本的にケアするようなサロンが目標。健康ハウスの名前はもう決めているんだ。

　聞きたい？　聞きたくなくても言っちゃうけど、〝ポノポノハウス〟。

　なんだかホノボノするしポカポカするし可愛いでしょ。〝ポノ〟は、真心、真実、繁栄を意味するハワイの言葉。ピッタリのネーミングだよね。誰かに盗られるのがいやだから、私と同僚だけの秘密。「商標登録しないとね」なんて話しながらも、お金がかかるのでもう何年も置きっぱなし。

　さて、ここで聞くけど、私のことキラキラと人生を楽しんでいると思った人、手を上げて。

さぁ、どうですか？　締め切りますよ〜。

手を上げてくれた人……、ごめんなさい。


現実の私は、夫ともう二年も別居中。家族三人の幸せな夫婦生活とは程遠く、もうすぐ三歳になる娘を連れたシングルマザー。主人との別居が始まったのは結婚後たったの一年半。その時、娘は生後九ヶ月。両親とはしっくりいってなくて、実家に戻ろうとはカケラも思わなかった。仕事帰り、疲れた身体をひきずって保育園にお迎え。誰もいない真っ暗なアパート。カギを回した瞬間の、ガチャッという音の軽さが心に響く。私って本当に惨めだ。娘をおろして荷物を置く。とりあえず椅子に腰掛ける。私が何かをしなければ、何も進まない。誰も何も手伝ってくれない。

経済的にも精神的にも余裕はゼロ。命がけの毎日。離婚した友人が、実家に戻って気楽に過ごしているという話を聞くたびに悲しくなる。どうして私って家庭運がないんだろう……。

私は四人兄弟の末っ子。一〇歳上の兄を筆頭に、六歳上の姉、三歳上の兄がいる。父は超大手企業の超エリートサラリーマン。順風満帆で、安定した収入をバックに大きな屋敷に住んでいた。ある時、父は社長賞を受賞したことをキッカケに独立。ここまでは良かったんだけれど、その後、事業がうまくいかなくなったみたい。私が八歳の時、多額の借金を背負って屋敷を売り払ったんだ。そして、逃げるように父方の祖父母の家に転がり込んだ。父は倒産してから働かなくなってしまって、絵に描いたような酒浸りの毎日。裕福な社長令嬢からの転落……。

まぁ、昔話はいいんだけど、今の私は家事と育児にヘトヘト。職場がある高級住宅街から地下鉄に乗り込んだ時点で、気分はズーンと沈んでしまうのだ。

別居して距離を置けば、少しは改善するかと思っていた夫との関係は冷え込むばかり。週に一度連絡を取り合うことを条件に始めた別居だったのに、連絡すること自体が億劫になってしまった。夫とは、夫婦なのにお互い異国にいるような距離感。二人を繋ぐ糸というものがもし存在するなら、きっと冷たく凍っているに違いない。凍った糸は間違いなくもろい。私は触れるのが怖かった。

「そもそも、夫がもっと育児に協力してくれていたら……」

「パパとママがもっとちゃんとした家庭を築いてくれていたら……」

「なんであの人は私たちを力強く守ってくれようとしないんだよ……」

私の胸の奥で、ぐるぐる回る思いの渦はなんだか黒い。

椅子に座ったままの私につきまとう娘。

「ママは疲れてるんだから、いい加減にして！」

大きな声で、そう叫びたい衝動にかられる。でも、私は良いママでいなければならない。娘の前では良いママを演じなければならない。一人になったときに、大きな声で泣いて叫べばそれでいい。私の指が娘の髪に触れる。無理につくる笑顔はどうしてもぎこちない。娘は私を見上げながら、心配そうな表情をしている。私は着替えもせず、部屋に座り込んだまま動けない。部屋の電気をつける気力もない。

「私の人生、なんでこんなにうまくいかないんだろう」

そんな言葉が口から煙のように漏れ出て、畳の上を這った。その時、私のスマホが震えたのだ。一緒にアロマスクールで学ぶ、例の友人からだった。開いた画面に踊っていたのが冒頭のフレーズ。

「騙されたと思って行ってみない？」

一気に現実に引き戻された。彼女の言葉は続いている。

「このセミナー面白いらしいよ」

私はこの瞬間、今にも壊れそうな笑顔で娘と接している。そんなこと彼女はきっと想像もしていないだろう。

「このセミナーのおかげで、スクールの先生の売り上げが三倍になったんだって」

暗い部屋の中で、明るく光るスマホの画面だけが別世界のようだ。続けて記されていたリンク先をクリックした。

数秒の沈黙の後、晴々しいくらいに爽やかなページが現れた。

『私らしく輝く〝自分軸〟確立ストーリー』

そんな言葉が目に入った。

自分軸？　なんだそれ？　ちょっと怪しくない？

『あなたの性格・氣質を分析します』

ん？　自己啓発ではなく、性格判断？　タイプ分けみたいなもの？

そう考える私の目線は、画面の一点を見つめたまま静止している。目線の先にあるのは〝氣質〟の文字。

〝気質〟ではなく〝氣質〟？　う〜ん……。

気になると、どうも調べずにはいられない。私は、その場でスマホに文字を打ち込んでいた。

『氣と気の違い』・・・ポチッと。

出てきたサイトの解説では、戦前は「気」ではなく「氣」を使っていたとあった。戦後、G

HQによる漢字の見直しで「氣」は「気」となって常用化されたんだそうだ。単なる旧字体として風化されようとしている「氣」だが、氣と気の違いは、部首の中の米と〆。米はエネルギーの源で、八方広がりを意味している。言霊という言葉があるけれど、文字にも言霊が宿る。なんだかわかる気がする。エネルギーのあるところから四方八方に放出されるのが氣。逆に、〆はエネルギーを抑え込む感覚だ。

「氣を使うだけで、エネルギーを放出しているイメージが湧くんだ……」

私は暗闇で一人つぶやいた。そういえば、近所の合気道の道場には合気道ではなく合氣道という看板が掛かっている。合氣道の方が、確かに強そうだ。それに、〝やる氣〟と〝やる気〟、〝氣持ち〟と〝気持ち〟では宿っているエネルギーが違うような気もする。いや、氣もする。

いつの間にか、私にくっついて座っている娘が言う。

「ママは、ちゅよいからだいじょうぶ」

この子は時々変なことを口にする。ちょっと心配。私、強くもなんともない。

『あなたの性格・氣質を分析します』

私は参加を決心した。娘は笑顔になっていた。

工学博士

「何かを変えたければ、まずは自分を知るところから始めましょう」

見事にハゲ上がった頭が、会議室の蛍光灯の下でハレーションを起こしている。

小さな会議室の最後列に陣取って、「この人が先生なの？」と尋ねる私に、「そうなんじゃない」と答える友人。娘をママ友に預けて、私は友人と一緒に例のセミナーに参加していた。

娘は今朝も言っていた。

「ママは、ちゅよいからだいじょうぶ」

だから強くなんかないんだって。もう。

私たちの前には一〇人ほどの受講生がランダムに座っている。蚊ですら滑り落ちてしまいそうなツルツルの頭に見惚れていると、スクリーンに映像が映し出された。

『自分らしく生きていますか？』

やっぱ怪しい……。

これだけじゃわからないって？　いや、お釣りがくるくらい怪しいでしょ。

「人を不安に陥れて、壺か何か売りつけるつもりなんじゃない？」

そうささやいた私は、続いて現れた文字に驚いた。

『工学博士　篠田法正』

工学博士？　この人が？　光学ではなく？　いやいや、工学博士ってことは、理系でしょ？　理系の最高峰だから、もっとカチコチというか、理屈っぽいというか、自分らしくとか、そんなんじゃなくって、もっとこう何て言うか、う～ん……。少々混乱する私をよそに工学博士は話し始める。

「自分らしく生きていますか？」

博士のその言葉をキッカケに、私たちの前にランダムに並ぶ一〇個の頭が一斉にギュゥ～とねじれた。そりゃ、いきなりそんなことを聞かれて「自分らしく生きてま～す！」なんて言える人いないと思うんだけど。

「自分らしく生きることができれば、頑張らなくていいんですよ」

頑張らなくていい？

私の心のダークサイドが反応する。

なんだってぇ～？

頑張らなくていいなんて、よくそんなこと言ってくれる。頑張らないでどうやって生きていけるって言うんだろう。はっきり言うけど、頑張っているか頑張っていないかと聞かれたら、私は死ぬほど頑張っている。まず、子育てはワンオペなんだよ。そこの博士、ワンオペって意味わかる？　誰も手伝ってくれないんだよ。お金を稼ぐのも、娘の世話も、買い物も、掃除も、洗濯も、全部自分でしなきゃならない。疲れて早く休もうと思っている時に限って娘はグズる。急いでいるときに限ってご飯をひっくり返す。イライラするでしょそりゃ。

それに、娘が熱を出すたび病院に走る。病院から職場に休みの連絡を入れる。「いいですよ」と言ってはくれるが、どう考えても良くはないんだよ。みんなの負担が増えるし迷惑。そんなことわかっていてもどうしようもないんだ。だから時々、胃がよじれそうに苦しくなるんだよ。しかも子供の病気なんていつ来るかわからない。確かなことはただ一つ。誰も私を助けてくれないってこと。

大企業に勤めているわけでもないから、収入はいつどうなるかわからない。福利厚生だって退職金だってない。私が倒れたらすべてが終わりだよ。でも走り続けるしかない。この恐怖わかる？　化粧品代もネイル代も美容院代もケチってるんだ。我慢してるんだ。娘を大学に行かせてあげたい。でも貯金なんて全然できない。この気持ちわからないでしょ。なんであんな旦那と結婚したんだ。なんで別居中なんだ。こんなことになるなんて、想像もしていなかったよ。なんで両親は助けてくれないんだ。どうして親なのにギクシャクしてるんだ。なんで私には頼れる人がいないんだ。心は、不安と心配のサンドイッチで動けない。神様、苦しいよ……。

暗闇、恐怖、不安、未来、子ども、陽だまり、我慢、ストレス、走り続ける、胃が痛い、苦しい、必死、暗い、太陽、充血、泣きたい、やめたい、投げ出したい、イヤだ、楽しみたい、人生やり直したい、あ〜、もう本当に不幸だ。

とにかく私は、必死なんですよ。必死で頑張るしかないんです。命がけなんです。本当に必死なんですけど、何もかもがうまくいってないんですよ。だから私はここにいるんですよ。そうでなければ、温かな家庭で主人と子供に囲まれて、今ごろ専業主婦でもやっていますよ。

博士の耳たぶをギューッと引っ張りながら、耳の奥に向かってそう叫びたい気分だった。

人間は〇〇の一部

博士が手に持ったリモコンボタンをピッと押すと、画面が切り替わった。

「人間は　　　の一部です」

私の意識が一瞬で画面に向いた。

なんで虫食い？　私の心に疑問が浮かぶ。

博士は手のひらを上に向け、前列の女性をスッと指した。

「そちらの方、どう思われます？」

なんだか丁寧だ。きれいにそろった指が美しい。手のひらで人を指すなんて品がある。さすが工学博士だ。指された女性は「えっ」と一瞬驚いた表情を見せた。私からは見えないけどね、きっとそう。そして彼女は答えた。

「自然の一部でしょうか?」

「素晴らしい!」

その瞬間、博士の頭がピカッと光った。そんなわけないけれど、博士がそううなずきながらリモコンを押すと、「自然」という文字が上部から現れて、虫食い部分に見事に着地した。

「人間は　自然　の一部です」

博士は読みながら話す。自然の一部〜?

博士の言葉を、私は心の中で繰り返す。言葉はスッと入ってこないまま、私の目の前でなんとなく行き場がない感じ。しかし、人間が自然の一部だなんて、前の席の女性はよく正解したもんだ。私なんか、人間は人間であって、何かの一部だなんて考えたこともなかった。私は私であって、何の一部でもないと思う。でも、私が死んじゃうと身体は土に還るよね。だから、う〜ん、……、やっぱ何の一部かと聞かれたら、地球の一部? 世界の一部? う〜ん、やっぱ自然の一部になるんだろうか。

ぐるぐる回る私の思考はさておいて、博士は続ける。

「誰にだって、持って生まれた性格や氣質がありますよね」

そりゃそうだ。

「それだって自然の一部なんです」

ん? ん? ん? 性格が自然の一部……。そうなの? 人間が自然の一部ってだけでも微妙なのに、私の性格が、森の木や川のせせらぎ、空を舞う蝶や走り回る動物と同じ自然の一部？ 奇抜な自由人だってよく言われるけど、涙もろくて、イケボフェチで、惚れっぽくて、おだてられるとすぐに調子に乗っちゃって、だからこうなってるんだけど。手や足や、髪の毛や……、肉体が自然の一部なのはわかる。う〜ん、でも、性格、氣質や……、心も自然の一部？ 改めて自然って何か説明しろって言われると、どう説明すればいいんだろう？

疑問はやっぱすぐに解決したい。指がスマホ画面の上をなでる。『自然』……、ポチッとな。

1）人の手を加えない、物のありのままの状態。

2）この世のあらゆる物の総称。

想像していたのと違う答えに、私は息を止めた。

自然って……、そういうこと？

この世のあらゆる物の総称って、そうなんだ。私の涙もろいところも、惚れっぽいところも、イケボフェチもこの世の物には違いない。そりゃ、あの世の物でも、違う世界の物でもないからね。つまり、私自身も自然の一部。私が私であること自体が、鳥のさえずり、森の木漏れ日と同じなの？ そうか、確かに鳴くのが上手な小鳥も下手な小鳥も、狩りが上手なトラも下手なトラもいるに違いない。知らないけどね。でも、それも確かに自然の現れの一つ。なるほど、そうか！ つまり私たちもそのすべてが自然の一部。私は、自然の一部である人間という生き物の中の一人。そんな私が生まれつき持っている惚れっぽさ……、う〜ん、確かに自然の一部だ！ なんだかわからないけど、人類全員の個性や性格まで含んでいるなんて、自然ってすごい！　なんだかそよ風になって空を舞っている気分。地球って広〜い！　うわっ！　何、この感じ！

宿命と運命

博士の言葉は続いている。

「持って生まれた才能や、得手不得手、潜在能力は自然の〝宿命〟なんですね」

宿命……。今度は、なんとなく重い言葉が心に響く。自然の一部である、人間の得手不得手や潜在能力が宿命？　宿命ってなんだ？　運命と宿命ってよく似てるけど、何がどう違うんだろう？　ちょっと待って！　私、今まで考えたことのなかったことを考えている。

スマホを開いた。今度は『宿命』……、ポチッとな。

『宿命とは、命に宿るという文字通り、生まれる前から決まっていて変えることのできないもの』

おぉぉ……。変えられないものが宿命なんだ。じゃ、運命はどうなんだろう？

『運命』……、ポチッとな。

『運命とは、命を運ぶという文字通り、巡り合わせや環境によって変わるもの』

・・・・・。

私の中で何かがピーンと張るのが感じられた。

宿命は変えられない。でも運命は変わる。つまり、運命は変えられるものってことか……。

確かに、私、短距離走はてんでダメだけど、変えられない。それは宿命だから。そうだそうだ。

なるほど。でも、それが理由でどんな人生を歩むかは、巡り合わせや環境によって変わる。そりゃそうだよな。うんうん。

なんだか、私、今、すごい、ことに、気づいたかも。ちょっとメモメモ！

ちょっと整理してみよう。

私、長距離走には自信がある。高校の時、マラソン大会で一〇位になったのがちょっとした自慢だ。一対一で話すことは得意だけど、人前に立つと緊張して真っ赤になる。そのことがイヤで仕方がなかった。なんとか克服しようと努力してきたけど、何をどうしても人前で話すのはうまくなれなかった。自分ってダメな人間だと思ってきた。料理は好きじゃないし、洗濯も嫌い。どっちも、なんとか好きになろうと思い続けて頑張ってきた。料理教室だって通った。でも、楽しくなくて一撃でやめてしまった。だから、さっき専業主婦がいいとか言ったけど、正直に言うと、専業主婦は向いてないと思う。

そんなこんなは全部、何もかも自然の一部。宿命？　う〜ん。でもだからどんな運命を生きるかは別問題なのか……。そういうことだよね。

あ！　でも確かに、足が遅かったからこそ、楽しい思いをした経験がある。

子どもの頃、運動会でいいカッコしたくて、走る練習をしたけど速い子には敵わなかった。だからリレーの選手になるのは早々に諦めて、応援する側に回って、チアダンスを頑張ったんだ。メッチャ盛り上がって、楽しくって、数少ない子どもの頃の良い思い出なんだ。友達の一人は、リレーの選手になれないことですねちゃってね、応援ダンスにも参加しないで暗い顔して座ってたんだ。なんで一緒に踊らないんだろうってずっと思ってた。

そうか！

速く走れないことは変えようがないけど、だから楽しくないなんてことは絶対ない。だから、どうなるかって、そうだよ！　変えられるんだ。

博士は穏やかに、力強く、そしてよどみなく続けている。

「だから、すべてのことに、良いも悪いもないんですよ」

この言葉は、私の中に摩擦抵抗ゼロでスーッと入ってきた。私の心は右から左へ、少しの引っかかりもなく賛同する。

そうだ、確かに何をとっても、良いも悪いもない。そうだそうだ。短距離走が得意じゃないなんて、ただの個性だよ。だから良いも悪いもない。うんうん。人前で話すのが下手で真っ赤になるのも、良いも悪いもないんだ。確かにそうだ。

そう自分で確認した、その瞬間、ふと口から言葉が出た。

「ちょっと待って……」

時間が止まったような気がした。すべての音が消えた。私の心の声だけが頭の中で響く。

「私、人前で真っ赤になるのは悪いことだと思ってた……」

心の中で、ドミノが数枚、パラパラっと連鎖して倒れた。

「私、何もかもを、良いか悪いかに分けてたのかも……」

雷がドーンと私の中心を貫いた。

私は息を飲んだまま呼吸ができなかった。なんだか知らないけど、涙が出てきた。私、感受性が強いのかしら。私が泣いているのを見て、友達が驚いている。ちょっといいから、今、放っておいて。

わぁ、これって、衝撃の自覚。

私、もしかして自分を恨んでいた？　そうだよね。自分が得意じゃないことがなんで得意じゃないんだってずっと思ってた。これが得意だったら人生変わったのにって思ってた。主人が私たちを守ってくれないことも、両親とうまくいってないことも、違うだろ、おかしいだろって思ってた。だからうまくいかないんだって思ってた。

そうなんだ。主人の性格も、親の氣質も、良いも悪いもないんだ。

え〜っ！　私、とんでもない思い違いをしていた！

ゴクリと唾を飲んだ。それを合図に時がまた動き出す。

一時停止していた動画がリスタートするかのように、博士は口を動かした。

「みなさんは、なにがしか、自分を変えたいと思ってここに来た。そうですよね」

さっきは一斉にギューっとねじれた一〇個の頭が、少しうなずいたように見えた。

「宿命をうまく生かすこと」

博士は人差し指を立てた。

「自分らしく困難に挑戦すること」

続けて中指も立てた。

「そうすると人生は充実していくんですよ」

そう言ってから少しだけ間をあけた。そして二本の指を折りたたみながら、親指をグッと上に向けた。

博士はメチャクチャ眩しかった。……いやそういう意味ではなくね。

私の中のしかるべきところに、博士の言葉は着地していた。

ふぅ～っと細く長い息が私の口から出た。

「私……、自然に逆らっていたんだ」

また言葉が出た。こんなちっちゃな身体で、こんなちっぽけな存在で、私、自然に逆らって生きてきたんだ。そりゃしんどいに決まってるよ。そりゃうまくいかなかったに決まってるよ。脳裏には、娘の顔が浮かんでいる。両親の顔と主人の顔が浮かんでいる。いろんな顔が、順番に浮かんでは消えた。

自然の一部である自分を否定して、相手を否定して、過去を悔いて未来を憂いて。私、雨の日に空を眺めながら、「なんで雨降ってるんだよぉ～！　馬鹿やろぉ～！」って叫んでいたんだ。日差しの強い日に、「なんでこんなに暑いんだよぉ～！　日焼けするじゃないか、腹が立つ～！」って憤ってたんだ。

私、変わらなきゃ。

そう思った時、涙はもう止まっていた。

このタイミングだったら、私、壺だって掛け軸だって買っていたかもしれない。でも博士が勧めてくれたのは壺でも掛け軸でもなく『自分軸発見ワークショップ』。

「参加希望の方は、これに書き込んでください」

博士がそう言って差し出す申込用紙を、私は両手でしっかと受け取った。

X = Y の章

2

頑張らなくていい

博士から受け取った名刺をテーブルの上に置いたまま、僕はもう三〇分ほど自分の境遇をまくしたてていた。千葉県の海沿いの町のファミレス、お客さんはほとんどいない。

「ふむふむ。生きづらいんだね～」

博士は包容力があるようなないような、妙なトーンで僕に同調する。

「一番大事なことは、自然に逆らっちゃダメってことだよ」

そう言う博士に、僕は自然に逆らってるつもりなんてまったくない、っていうか、都会に住んでいるし、自然に従うとか逆らうとかそんなんじゃなくて、自然そのものを意識しながら生きてなんかいないんだって力説する。博士は続ける。

「だったら聞くけど、ペンギン君とカモメ君の会話って知ってる？」

ペンギン君とカモメ君？　ペンギンとカモメが会話しないでしょ。知らない、知らない。知るわけない。首をひねって見せても博士の話は止まらない。

「ペンギン君が、カモメ君を見上げながら言うんだよ」

博士はまるで落語家さんのように一人二役で話し始める。

「いいなぁカモメ君は、空を飛べて。僕なんて鳥なのに空飛べないんだよ。最悪だよ。・・・・何言ってるのペンギン君！　君、海泳げるじゃん！　海泳げる鳥なんていないよ。すごいじゃん！・・・・いやいや、カモメ君、何言ってんだよ。見てよ、他のみんなも海なんて普通に泳いでるよ。僕も空飛びたいなぁ。最悪だよ」

僕の口は、開いたまま塞がらないでいた。すると博士は僕に向き直って言う。

「このペンギン君のように」

「はぁ」

「人は自分の良さには気づかないんだ」

う〜ん……。この人は一体何を言ってるんだろう？　言っていることがわかるようなわかるようなわからないような変な感じ。

「聞いてる？　ペンギン君？」

「誰がペンギン君ですか」

突然のペンギン呼ばわりだったけれど、咄嗟に言葉を差し込むことができた。う〜ん、われながらナイスツッコミ。博士は続ける。

「私にはペンギン君にしか見えないなぁ」

博士はこうして時々意味不明に思える言葉を口にする。でもその直後に、決まって見事な豪速球を投げ込んでくるのだ。このあと飛んできた言葉はこれだ。

「ペンギン君が、空飛ぶ勝負で、カモメ君と競ってはダメなんだよ」

おぉ……。なんとなくすごそうなセリフ。

「空を飛ぶことでカモメ君と競うこと自体、ペンギン君は自然に逆らっている」

あっ……。

今の言葉、僕の何かに触れた。でも、何に触れたのかうまく説明できない。僕はペンギンなのに空を飛ぼうと思っているってこと？　う〜ん……。

「仕事に疲れている人、人生に苦しんでいる人は、できないことや、不得意なことを無理に頑張っているんだ」

なるほど……。でも、誰もがやりたいことや得意なことを仕事にしているわけじゃない。だから、できないことを頑張るのって普通だと思うんだけど。違うかな？　て言うか、そもそも仕事なんだから頑張るしかないでしょ。百歩譲って博士の言う通りだとして、だからどうすればいいって言うんだろう？　そんな僕の質問が言葉になるより先に、博士は言った。

「頑張らなければいいんだよ」

僕は思わず黙ってしまった。ピカピカの頭して、なにカピカピなこと言ってくれてんだよこの博士。頑張らないで許されるなら苦労しないって。僕の頭上から、博士の言葉は降り注ぐ。

「人間は偉くなったからね。だから、自分が自然の一部だってことを忘れてしまっているんだ」

そうなんだろうか。

「この花は良い花で、この花は悪い花なんてないよね」

花に良い悪いはなくても、好き嫌いや、高い安い、珍しいとか珍しくないとかはあるんじゃないだろうか。

「そんなの、人間が勝手に決めているだけだよ」

まぁ、そう言われれば確かにそうかもしれないけど、その言い方。

「だから、人間の氣質も性格も、得手不得手も、どれが良くて、どれが良くないというのは絶対にない。それなのに、勝手に良いか悪いか決めつけて、そして勝手に苦しんでいる。そんなペンギン君が、今私の前にも一人座っている」

またペンギン君呼ばわりなのはさておいて、僕は言葉が出ない。

「自然に逆らってしまってはうまくいかないんだ。頑張っても頑張ってもしんどい人は、頑張り方を間違えている」

いつの間にか、僕は博士の言葉に耳を傾けていた。さっきまで聞こえていたはずのＢＧＭが聞こえなくなっている。

「生きているといろいろある。うまくいかないことや、予想外のことが起こっても、それを乗り越えていく。そのプロセスが生きるってことだよね。違う？」

すっかり冷めたコーヒーが、カップの中で暗闇をたたえている。

「ということは、うまくいかないことがなければ人生は動き出さない」

そうだろうけど、うまくいかないことなんてない方がいいでしょ。でも、何も起きない人生なんてきっと味気ない。自信満々の博士の様子になんだか反論できない。これってつまり正しい理屈だから反論できないってこと？

「大切なことは……」

僕はゴクリと唾を飲んだ。

「〝自分らしく〟困難に挑戦することだ」

僕の中にいた何かが振動している。その何かを中心に、僕の心の中の何かが小さくうねり始めた。僕は、それが自分の中にいることにこれまで気づいてはいなかった。そんな何か。それは僕の知らない僕の僕らしさ？　僕は僕らしく挑戦していなかったんだろうか。それがになって、小さな渦が力強くうねり始めている。そもそも、自分らしく挑戦するってどういうことなんだろう？　僕って何？　僕らしさってなんだ？　僕の疑問は、小さな渦の中をただグルグルと回り続けていた。

充 実体験を回す

「幸せになるプロセスというのがあるんだけど……」

しばしの沈黙の後、博士は続ける。

「知りたい?」

知りたいに決まっている。何を言ってるんだこの博士。僕は今、人生に悩んでいるんだ。会社を辞めたいけど、辞めると給料はもらえなくなる。お金がないと生きていけない。お金を稼ぐための代替案なんてない。それなのに、会社に行くのはつらくて仕方がない。自分が何のために生まれてきたのかわからない。何のために子どもの頃から塾に通って勉強して、大学に行ったのかわからない。飲み屋さんで知り合った知人Bの紹介くらいで、どうしてこの海辺の町まで来たのかもよくわからない。僕は毎日、明け方に目が覚めて、そこからもう眠れないんだ。頭を掻きむしって、胸を掻きむしっているうちに朝が来るんだ。幸せになるプロセスというものが本当にあるなら、今、ここで教えてもらいたい。僕は博士の目をじっと見つめた。

僕の視線をしばし受け止めてから、博士は言った。

「これまでの人生で、誰かに自慢したくなるような経験ってある?」

突然の質問に、僕の頭には何も浮かばなかった。そんなこと急に聞かれてもと思ったけれど、記憶の奥底には案外保管されているものだ。一〇秒も経過すると、解凍中の冷凍食品の水分のように、脳の奥から情報がじわりとにじみ出てくる。

記憶をたどると僕にだって自慢はある。将棋で友達に負けたことはないし、ルービックキューブは一分もあれば六面そろえることができる。それにフルマラソンを完走したことだってあるんだ。初めて完走した時は五時間以上かかったけれど、ゴールが近づくと涙が止まらなかった。最高の気分で、その後一週間くらいは、どんなことでもやればできると思えたものだ。草野球チームをつくって勝利を目指して頑張って、なんとか一勝できた時も嬉しかった。そうそう、学生時代に僕をフった女性にはミュージシャンの彼氏がいたんだ。悔しくて見返したくてアコギを始めて、三ヶ月で一曲弾けるようになった。その曲名は、そのまんま彼女の名前。教えないけどね。フラれたことを知っている親友がめっちゃ応援してくれたしね。弾けるようになった時はただただ嬉しかった。このことがキッカケで、僕の特技にアコギが加わったんだ。

解凍中の僕の脳からは、どんどんと記憶がにじみ出る。まるで枯れることがない源泉のようだ。大学時代、高校時代、中学時代、と記憶は遡る。ほんの数分で、小学時代の塾での出来事まで出てきた。人間ってなんだかもったいないよね。だって、こんなにたくさんの良い思い出が、普段取り出せないところに眠っているんだから。

僕は、アコギが弾けるようになった時の思い出を博士に伝えた。博士は笑顔を見せながら、楽しげに聞いてくれた。話し終えると博士は言った。

「誰かに自慢したくなるような体験のことを〝充実体験〟というんだ」

充実体験……、僕は心の中で繰り返す。

「幸せに生きている人は、充実体験をたくさん持っている。そして、今も充実体験を積み重ねているんだよ」

確かに、充実体験がたくさんあって、しかも現在進行形の人は幸せに違いない。でもそんな人、そうそういないと思うんだけど。だって、充実体験って、積もうと思って積めるなら人生楽勝。結果、振り返ってみると充実体験なわけだ。そもそも同じことをやっても同じようになるとは限らないはずだ。つまり再現性が低すぎるってのが僕の意見。こうすれば充実体験が生まれます、なんてレシピを作れたら博士は天才どころかピカピカの神だ。そんな僕の雨雲を、博士はいとも簡単に取り払った。

充 実体験の作り方レシピ

「実はね。すべての充実体験には、六つの共通項があるんだよ」

僕が考える再現性の低さとは裏腹の、ロジカルな展開に驚いた。さすが、工学博士だ。でも博士、今〝必ず〟って言ったよね。物事に絶対はないと思うんですけど、いいんでしょうかね。

「いいや、〝必ず〟、六つある」

なんだこの自信は？　博士の頭のワット数が増した？　いやいや、さっきより目力が増したような気がする。この自信はどこから来るんだろう？

博士は何も言わず、カバンからノートを取り出した。そして新しいページを開いてペンを走らせた。

【充実体験に共通する六つの項目】

①困難な問題が起こった
②決断して動いた
③学び、工夫した
④とにかくやり続けた、我慢して頑張った
⑤うまくなり、周囲に影響を与えた、楽しさが伝わった
⑥応援されて成果が出た

書き終えると、博士はノートをクルッと百八〇度回転して僕が読めるようにした。そして六つの項目を指差しながら言う。

「逆に言うと、この六つの要素がなければ、〝絶対に〟充実体験にはならない」

博士は、僕の疑念に対抗するかのように、〝絶対に〟という言葉を強調しながら続ける。

「アコギが弾けるようになった充実体験を思い出してみて」

博士に言われるまでもなく、僕は考えていた。①彼女にフラれるという一大事をキッカケに、②アコギをやると決めて、③勉強した。④毎日繰り返し頑張って、⑤うまくなっていく僕を見て友人が応援してくれるようになった。⑥そして達成！

「本当にこの通りの順番だ……」

僕はノートを見つめながらつぶやいていた。博士はドヤ顔で言う。

「これが幸せになるプロセス。幸せになることは難しくもなんともないことなんだ」

博士はそう言ってから解説する。

「まず、失敗や問題点、壁にぶつかるといったところから充実体験はスタートする。つまり、

壁がなければ充実体験は存在しない」

　確かに、充実体験って、壁や困難を乗り越えた経験そのものかもしれない。

「次に、何かをやると決める、決断。そして学びと工夫。とにかく努力を続けてうまくなる。周囲に情熱や想いが伝播し、応援される。そして最後に成果が出る」

　博士が書いたノートを僕は見つめたまま動けないでいた。これが、充実体験の作り方レシピなのか？

「簡単な図にするとこういうことなんだ」

　ノートをまた百八〇度回転させて、博士は図を描いた。

「中心にいる自分に困難な問題が起こる↓動く（やると決める！）↓学ぶ↓続ける↓伝える↓自分のもとに成功がやってくる。これが、充実体験」

　おぉぉぉぉ……。

「地図でいうと、真ん中↓西↓北↓東↓

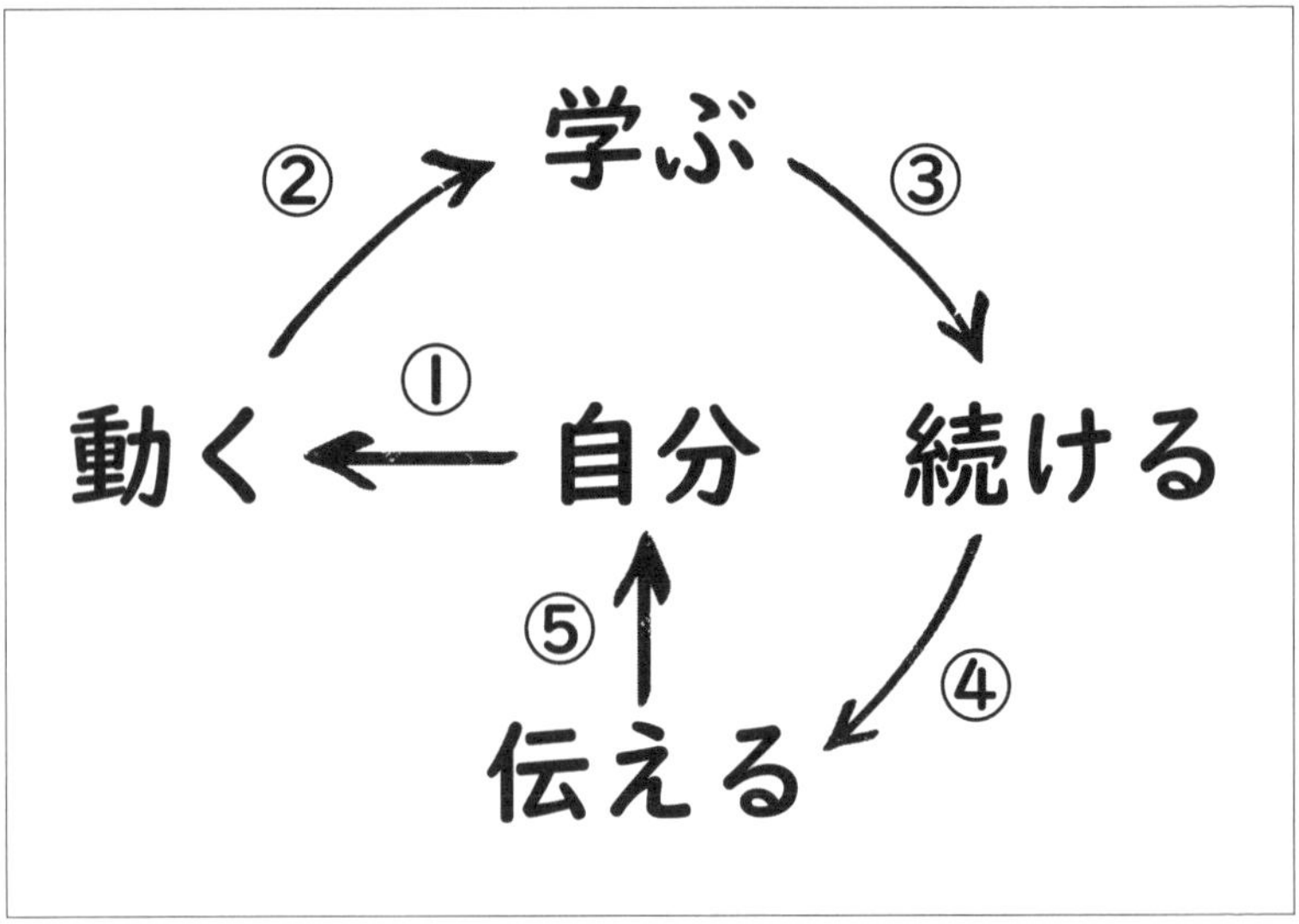

南 ↓ 真ん中、この場所にも意味があるんだけどね。それは大人になったら教えてあげよう」

「もう大人なんですけど……」

さておいて、僕は少し感動していた。難しそうな表情で一行ずつ並んでいた六つの項目が、コンパクトな図に見事にまとまっている。こんなにわかりやすく図にできるなんてすごい！

「この順番で自分らしく困難に立ち向かえば、人生はどんどん加速してパワーアップしていくことになるんだ」

博士はそう言って、息をフーッと吐いた。

「逆に、このスパイラルが回らずどこかで止まっていたり、順番飛ばしをしたり、自分らしく頑張れていないと〝挫折体験〟になってしまうんだよ」

僕は今の会社に入ってからの自分と重ね合わせた。博士は言う。

「充実体験を回して幸せに成長できれば、中心にある〝自分〟の魅力が増すんだ」

魅力が増す？　僕は自問する。


そもそも、人間の魅力ってどこに宿るんだろう？

心の浅瀬で思考が回る。外見？　いや、それは違う。だっていくら素敵な外見でも中身が伴っていないとガッカリするし。一度ガッカリしたら、もう二度と元には戻らない。外見なんか第一印象にすぎない。うん、間違いない。ということは内面？　いやいや、簡単に言うけど内面ってなんだ？　そもそも、人の内面って目に見えるものじゃないし。人の思考……？　思考だって見えない。目に見えるのは、つまり、思考の表れである行動だ。うん、そうだ！　人は人の行動に魅力を感じる。何かが起きた時に、どう受け止めてどう行動するか。行動そのものに加えて、そこに表れる考え方や感じ方の機微みたいなものに魅力は宿るんだ。なるほどぉ〜。

結論に達して、僕は一人納得していた。

ここで僕は思った。何かが起きた時、どう考えてどう行動するか、それをポジティブに行うってことは、つまり、①から順番にイキイキと充実体験を回すってことに他ならないんじゃないか！　つまり、充実体験を回す姿に、人は魅力を感じる！

「充実体験を回すことができれば、遠心力が生まれる。その結果、中心にある〝自分〟がある種の真空状態になって、引力が生まれるんだ」

なるほど。まるでダイソンの掃除機みたいだ。

「そうしてどんどん幸せのエネルギーがパワーアップしていく。そうして、人は幸せになれるんだ。どこかに偏るのではなく、バランスよく回すことが引力を最大化するためのポイント」

図を眺めているだけで、幸せは引力に引き寄せられるってイメージが湧く。それに力強く回ると、遠心力と釣り合う求心力も増すんだからね。引力も強くなる。理系だったら常識だね。

博士は図を指差して言った。

「よく見て！　幸せは、困難への挑戦から始まってるよね」

僕にはうなずくことしかできない。博士はニヤッと笑って少し大きな声を出した。

「なんとラッキーなことに！」

なんだろう？

「問題はなくならない！」

ちょっと声が大きい。

「幸せの種は尽きないんだよ！　ワッハッハッハ！」

ワッハッハッて……。しかし、なんて明るいおじさん、いや、頭ではなくね、ポジティブだっていう意味。

「だから、迷ったら苦しい方を選ぶ。その方がきっと人生は楽しい」

そう言って博士は口角を上げた。

笑顔が眩しかった。いや、そういう意味ではなくね……。

人間に備わる五つの力

僕は、この海辺の町のファミレスで少し成長したんだろうか。

「迷ったら苦しい方を選ぶ」

この言葉が妙に腑に落ちていた。だって、昨日までだったら、楽な方を選んだ方が普通に楽でしょと間違いなく思っていた。

でもそのためには、自分らしく頑張る必要がある。そうだったよね。そもそも自分らしく挑戦するってどういうことなんだろう？　僕って何？　僕らしさってなんだ？　さっきと同じ疑問が、再び意識の表面に浮かび上がってきた。

「人間には、五つの力が備えられているんだ」

続く博士の言葉を聞いて、僕の頭にいろんな単語が浮かぶ。注意力、忍耐力、持続力、鈍感力、・・・。でもきっとどれも違うって確信がある。子どもの頃から塾に通ったりしていろんな大人の話を聞いてきたけれど、人間に備わっている五つの力なんて聞いたことがない。

「正解はね、攻撃力、習得力、守備力、伝達力、引力、の五つだよ」

博士は当然のように口にしたが、僕は正解を耳にしてもピンとこない。一つひとつの力がなんだかバラバラに存在していて、連携ゼロな感じ。

う〜ん、と首をひねる僕を見ながら、博士は「聞くだけじゃわからないだろうからね」そう言いながら、紙に書きながら解説してくれた。

◆◆◆　◆◆◆　◆◆◆

【攻撃力】

動く力。時に決断したり、行動したり、なんとかしよう！　と外に働きかける力。

【習得力】

学ぶ力。知らないことを知って活用する力。

【守備力】

維持・継続する力、我慢・努力する力、人の和を保とうとする力。

【伝達力】

伝える力。熱量や情報を与えたり、感情を表現したりする力。

【引力】

魅力、惹きつける力、求心力。

そして説明の最後に、博士はこう付け足した。

「五つの力の中で、リーダーにとって最も必要な力は引力なんだ。残りの四つの力がバランスをとりながら成長することで、中央の引力は最大に高まることになる」

この言葉を聞いた瞬間、僕の頭の中でバラバラに存在していた五つの力が、ギュギュギューっと連携して一つの図形を作った。

まるで電球がピカッと光るような感じで、僕は気づいたんだ。

そう、五つの力の一つひとつが、さっき博士が描いた充実体験のサイクルと一致しているってことに。

図に当てはめるとこんな感じ。

◆◆◆　◆◆◆　◆◆◆

真ん中にいる自分が【引力】を持っていろんなものを引きつける、そんな自分に何か問題が起こって動くと決断する【攻撃力】、必要なこ

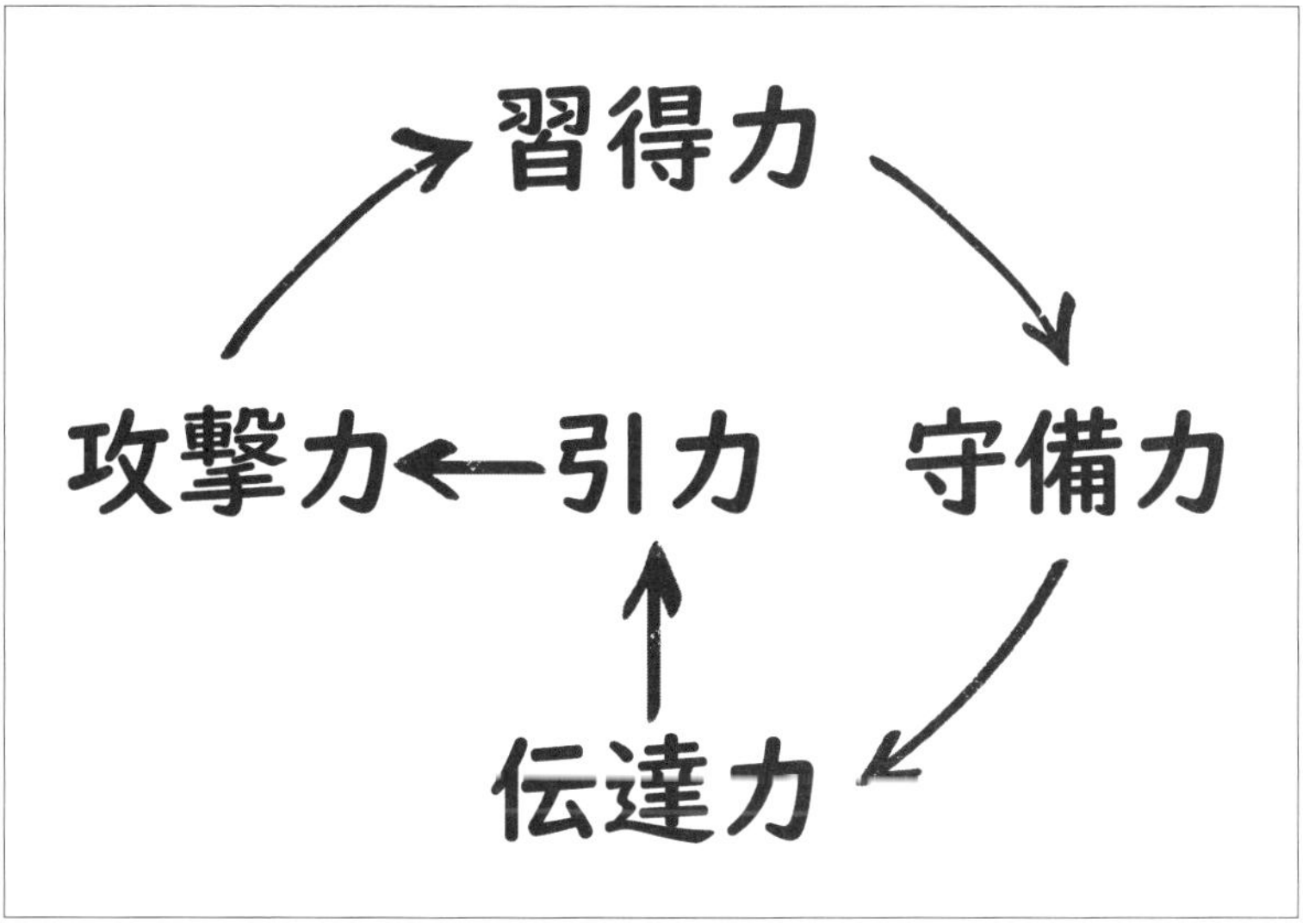

とを学ぼうとする【習得力】、学んだことを活用して努力を続ける【守備力】、その結果周囲に頑張りが伝わる【伝達力】、最終的にまた【引力】に引き付けられて結果が出る。

なんだかこの図ってすごい。まるで人生の万能調味料、幸せの加速装置だ。

「何度も言うけど、幸せを感じていない人は、五つの力を使って、充実体験のプロセスを回せていないんだよ」

博士はそう言ってから、「あっ、そうそう」と何かを思い出したように目線を上げ、僕を見てニコッと笑った。キュートな笑顔にキュンとする僕。あぁ、キュンの無駄遣い。そんな僕の無駄な思考に気づかず、博士は続けている。

「五つの力はそれぞれ二種類ずつあるんだ」

ん？　二種類？　唐突なる情報に僕は混乱する。守備力や攻撃力に、二種類あるってよくわからないんだけど。

「プラスとマイナスの二種類があると思えばいいよ」

プラスとマイナス？　うーむ。

「たとえば攻撃する力を考えてみても、冷静沈着、知的に動く頭脳的な人もいれば、単純、直情的でたえずチョロチョロ動いていないと気が済まない人もいる」

あ、そういうことか。確かにそうだ。

「伝える力も、明るく人気者でクラスの中心でよく喋ることで伝える人もいれば、自分自身をしっかり見つめて、芸術や文章を通じて伝えることが得意な人もいる」

おぉ……、確かに！　僕が二度三度とうなずくのを確認してから博士は言った。

「それぞれにプラスとマイナスがあるから、五つの力×二種類＝一〇。つまり一〇種類の力がある。でも、そのすべてを持っている人はいないんだ」

そりゃまぁ、全部持っていれば、誰だって一人でスパイラルを回すことができて充実体験を積み重ねることができるんだろう。そんな完璧な人っていないって理解できる。そりゃ一つしかない人も、八個とか九個とか持っている人もいるはずだ。そう考えた僕の考えは、博士にあっさり否定される。

「すべての人には、平等に五つの力を与えられているんだ。例外なくね」

えっ！　五つ？　すべての人が、平等に？　決まってるの？

「そう、誰もが五つの力、つまり才能の種を、五つ持って生まれてくる」

才能の種？

「才能と言わずに才能の種と言ったのは、与えられて生まれてくるだけだからね。その種が芽を出して成長するのか、芽を出したまま枯れてしまうのか、芽を出さないまま一生を終えてしまうのか、それは自覚と環境次第。持っている種は変えられないけど、人生は変えられる」

わかるような、わからないような……。博士は続ける。

「自分が持っている五つの才能の種を活かして、自分らしく困難に立ち向かえていないと自分の才能を活かせない。その結果、充実体験のサイクルが回らないんだよ」

僕はうなずく。

「自分が持っている、その五つの才能の種が何か……」

博士は少しの間を置いて言った。

「知りたい？」

だから、知りたいに決まっている。何言ってるんだ、この博士は。前のめりになる僕を片手で制する仕草をしながら、博士は一枚の紙を取り出した。

「そのためには、自己分析と自己観察が必要なんだ。次に会う時は、その五つの種を知って、どう活かしていくか考えることにするから。これに記入して」

差し出された紙には、『自分軸発見ワークショップ』と書かれていた。拒否する理由はなかった。僕は、名前、生年月日、電話番号とメールアドレスを書き込んで博士に手渡した。

支払いは僕がするという申し出を断って、コーヒー代は博士が出してくれた。僕は、自分史上五本の指に入るくらい丁寧に頭を下げた。そして海辺の町のファミレスを後にした。博士は海に帰って行った。そんなことないか。

四本のレールが仲良く一直線にずーーーーっと見えなくなるまで続いている。その線路の上を温かい風がブワ〜〜ッと、僕に向かって吹き抜ける。

そういえば昨日見たこの町のＨＰに、町名は古事記に由来すると書かれていた。だからだろうか、なんだか懐かしい気持ちが僕を支配する。

眩しい太陽、セミの鳴き声、青い草の匂い、喉を通る空気の味、肌をなでる風。

もう少し頑張ってみようと思った。

X=Xの章

2

自分軸発見ワークショップ

　私は簡単に化粧だけして、会場に指定された博士の事務所に向かっていた。

　しかし、今日は朝から娘が保育園に行きたくないとグズって困った。その理由は、妹がもうすぐ来るから。これって最近の娘の口癖なんだけど、勘弁してもらいたい。保育園に妹がいる友達でもできたんだろうけどね。妹が欲しい気持ちはわかるけど、そんな予定も可能性もあるわけない。今を生きるだけで精一杯なのにもうため息しか出ない。そう言えば昨日、娘を迎えに行った時に保育園の先生が言っていた。

「今日はみんなで絵を描いて、タイムカプセルに入れたんですよ」

　小学二年生になる五年後、みんなで保育園に集まってタイムカプセルを開けるらしい。どんな絵を描いたんだろう？　気になる私に、先生はこっそり教えてくれた。

「妹さんと手を繋いでいる絵ですよ」

　苦笑いしか出なかった。

　そんなことを思い出しながら、到着した博士の事務所。ノックしてドアを開くと、奥の円形机に先客がいた。大きな目をしたショートヘアーの女性。おそらく私と同じくらいの年齢。利発そうで、可愛いというのが第一印象。のぞきこんでいる私を見て、彼女は言った。

「自分軸発見ワークショップに参加ですか？」

　私がうなずくと、古くからの友人のように、こっちこっちと手招きする。仕草が人懐っこくて好感度大。博士は準備があるので席を外しているが、もうすぐ帰ってくると教えてくれた。

私が隣に着席すると、素敵な笑顔を向けてくる。私は思わず話しかけていた。

「なんだか、最近悩んでいて……。それで今日は参加することにしたんです」

そうなんだ～、とうなずきながら彼女は言う。

「私はいろいろと、あっちこっちで勉強した結果、ここにたどり着いたの」

へぇ～、と思う私。彼女は私の目を見て続ける。

「ここの博士って、すごいコーチングの先生なんですよ」

えっ！　すごいコーチングの先生!?　博士が!?　想像していなかったコメントに驚く私。彼女は付け加える。

「今の、〝すごい〟って形容詞は、〝コーチング〟と〝先生〟の両方にかかっているからね」

う～ん、なんだかよくわからない。彼女は、なぜか少し胸を張って話し始めた。


「私はね、すべてがエネルギーだと思ってるの」

すべてがエネルギーって？　いきなりの言葉にどう反応していいやら戸惑う。彼女によると、アインシュタインが質量はエネルギーに変換されると言ったらしい。らしいのよ。よくわからないけど。つまり、人間もエネルギー、植物もエネルギー、地球もエネルギー、何もかもがエネルギーの塊であり、波であり、お互いに干渉しあいながらうごめいているんだって。

「だって、アインシュタインは、$E=mc^2$って言ったのよ」

彼女は力説する。どこかで聞いたことがあるような公式だけど、私はチンプンカンプン。

〝頭痛にはノーシン二錠〟ならわかるけどね。そんな話ではなく、彼女いわくよ、いやアインシュタインいわく？　わからないけど、質量に光の速度の二乗をかけるとエネルギーになるんだって。つまり質量を持って存在している時点で、人間も服も花もすべてがエネルギーそのもの。光の速度は一秒間に三×一〇の八乗メートル。だからつまり、一グラムの質量は九〇兆ジュール。

「九〇兆ジュールってわかる？」

この子絶対理系、間違いない。

「百ワットの電球三万個を一年間点灯し続けられるのよ」

なんだかすごいことはわかる。でも正直に言っていい？　わからないわよ。

「だから体重四五キロの私は、四五垓ジュールのエネルギーの塊なの。ふふふ、すごいでしょ。

あ、垓っていうのは百万兆のことね」

まぁ、確かにいろいろとすごい。

「その流れというか、干渉しあう動きに逆らって行動すると、人生はうまくいかなくなるのよ」

彼女の言葉は、私の中で、博士の自然に逆らうなという言葉となんとなくシンクロしていた。

「でね、これが私の五つの才能の種」

彼女は一枚のシートを見せてくれた。なんだか可愛いイラストがサイコロの五の目のように並んでいる。

「可愛い！　こういうの、もらえるんだ」

そう口にする私。才能の種っていうからもっと堅い感じかと思っていたけど、カラフルで可愛いタッチのイラストが並んでいる。簡単な診断テストでもするんだろうか。そう思っていると事務所のドアが開いた。ドアの隙間から顔を出した博士は、私の顔を見て「おっ！」という表情をつくってから近づいてきた。

「これが、あなたが持って生まれた五つの才能の種です」

　そう言って、私に一枚のシートを手渡した。

　いきなり？　自分らしく頑張らないといけないことはわかった。でも、適性を判断するようなテストを受けた覚えも、面談された覚えもない。それがどうしてこうやっていきなり出てくるのかがわからない。

「そんなことはどうでもいいんですよ」

　博士はそう言って笑っている。隣の彼女も一緒に笑っている。私が知らない間に、いろいろと試されていたのかもしれない。そうだ、そうに違いない。

「このシートを検証して、腑に落ちるかどうかが問題なんです」

　シートを指差しながらそう口にする博士。隣に座る彼女も同調する。

「そう、当たっているかどうかじゃなくて、当

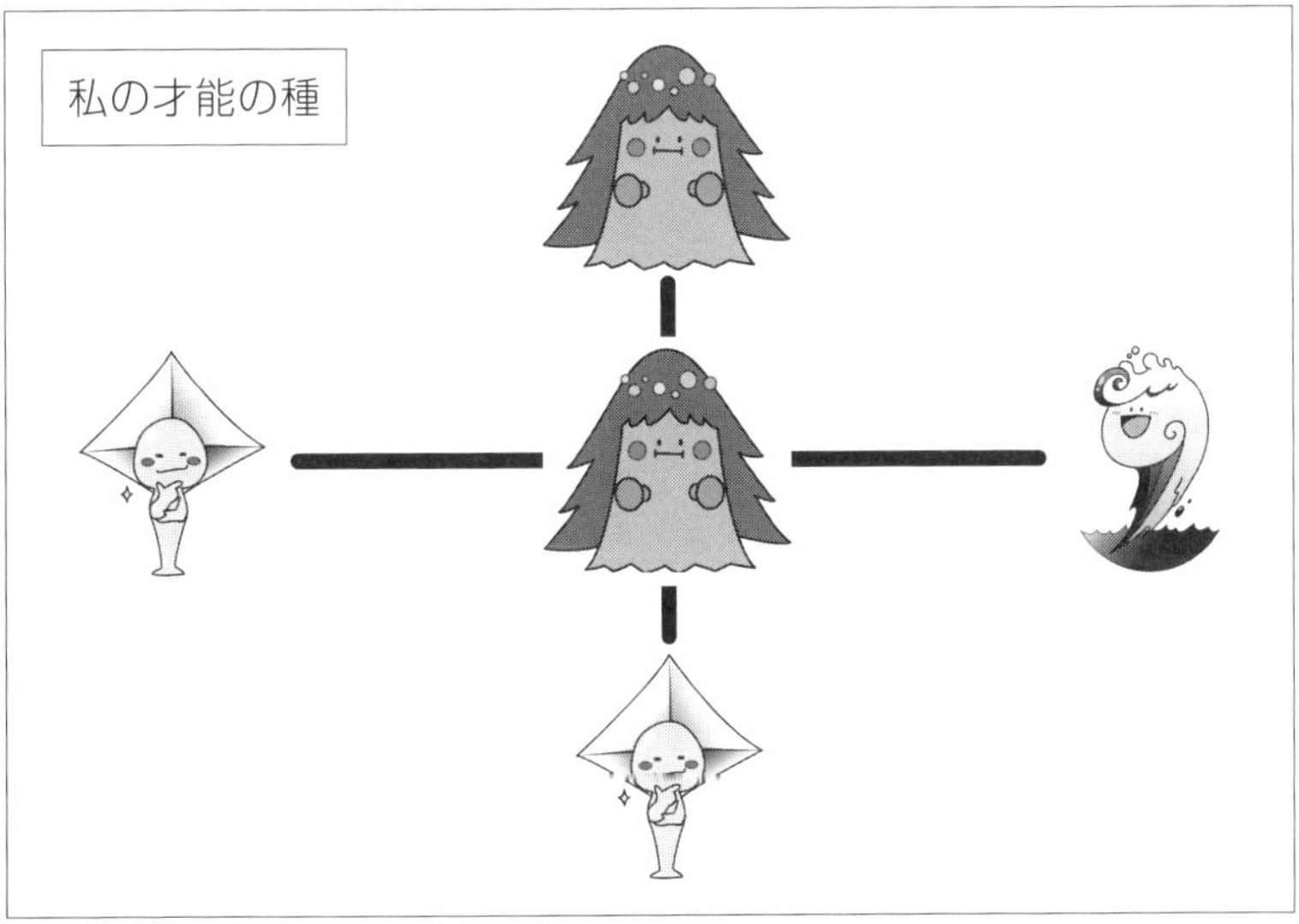

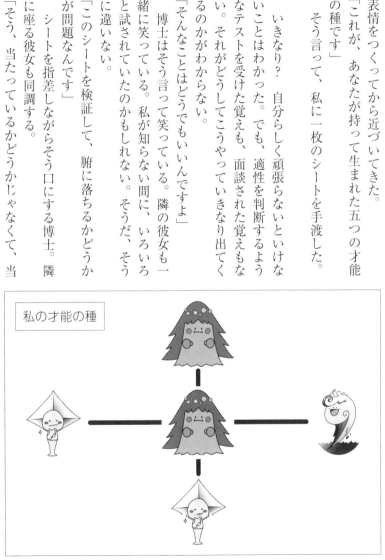

てはまってるかどうかが問題」

この二人よくわからない。

「腑に落ちたら、そうなんだから仕方がないんですよ。ホッホッホ」

なんだ、その笑い方は？　八百屋さんがスイカの汚れをきれいに拭き取るかのように自分の頭をなでる博士を見ながら、私は、まぁいいかとシートを受け取る。理由はどうあれ、自分にどんな才能の種があるのかって、めちゃくちゃ興味ある。


「才能って聞くと、特別な人にだけ与えられた飛び抜けてすごい能力のことだと思いがちだけど、ここで言う才能は、そんなんじゃないんだ」

博士はそう前置きしてから、誰にでも複数あるもので、頑張らなくても人より優れた成果を出す能力のことだと力説する。

「たとえば、初対面の人とすぐ仲良くなれる才能とかね」

なるほど、そう思うと確かに誰にでもあるっていえるよね。

「宴会を盛り上げる才能とか、見え透いたお世辞をサラッと言える才能とか、庭の草取りに夢中になれる才能とか、ずっと考え事ができる才能とか……」

うん、そんなのでよければ私にだってある。でも、それが何かと聞かれると答えにくい。

東洋思想

博士は、私の五つの才能の種を解説する前に、自分の話を聞いてもらっていいかなと話し始めた。

「私にはね、ユニークな発想ができる才能や、ずっと考え事をしていられるという才能があるんだよ。研究者時代は、知らず知らずにそれをフル活用していたんだね。本当に楽しかった」

私は、博士が特許を百件も出したという話を思い出していた。

「それが、役職が上がって好きな研究ができなくなったんだ。それが原因で四五歳の時、実績なし、コネなし、営業経験なしの状態で、なんとかなるさと経営コンサルタントとして独立起業したんだよ」

独立って簡単に言うけど、工学博士が経営コンサルって畑違いも畑違い。ジャガイモ畑からパイナップル畑ってくらいの転身だと思う。

「それからは必要に迫られて、持っていない才能を練習していたんだよ。営業トークとかね。とにかくつらいし結果が出ない。しんどい」

わかる。

「そんな時、ひょんなことから東洋思想と出会った」

東洋の思想？　工学博士と東洋思想はどうも結びつかない。工学博士って、西洋的なイメージがあるんだけど。

「私は理系バリバリですからね〜。証明できないことや曖昧なことに騙されたりなんてしませんよ。正直、東洋思想って最初に聞いた時は構えましたよ」

博士は懐かしそうに言う。

「科学っていうのは、事物・事象を観察・実験等の手法によって原理・法則を見出すことなんだ。そうなるんだから仕方がない。その原理・法則を解き明かしていく」

　もう少しわかりやすい方が嬉しいんですけど。

「こうなるんだから仕方がない、という出来事の理由を、観察や実験を通じて見つけるってことかな」

　事実から理由を見つけるってことか。

「元素の周期表って知ってるでしょ。水兵リーベ、っていうアレね」

　高校の化学で勉強した記憶がある。忘れたけど。

「あの周期表が最初にできたのは一八六九年。百五〇年ちょっと前だけど、東洋思想は、三千年の集積なんだ。三千年にわたって、こうなるんだから仕方がないっていう知恵を積み重ねた、極めてロジカルで実用的な知恵」

　そうなの？

「たとえば、分子模型って見たことある？」

　$H^{2}O$とかね。Oから二本の棒が出てHが一つずつくっついてるやつね。

「あれ、模型ではなく実物を見たことある？」

え？　どういうこと？　水の分子を実際に見たことあるかってこと？　あるわけないでしょ。目が顕微鏡でも無理でしょ。どんな目ですか？　そう思う私に博士は言う。

「ないよねぇ。世界の誰も見たことないんだよ。でも、あんな構造になっていると考えるとつじつまが合うってことなんだ」
　・・・。
「私の専門の、ポリマーの分子構造の繰り返しだって、誰も見たことないんだよ。でも、そう考えるとつじつまが合う」

確かに、はるか彼方の宇宙のこと、太古の地球のこと、ビッグバンのこと、当たり前のように学校で習ったけど、誰も見てはいないはずだ。「そう考えるとつじつまが合う」この言葉、なんだか重い。

「私が東洋思想を学んだ師匠はね……、日本ＩＢＭの元専務取締役なんだ」

私は、へぇ〜と唸っていた。東洋の考え方って、理系バリバリ企業の偉い人も認めるロジカルですごいものなんだ。

博士いわく、工学博士が東洋思想を勉強するって、わかりやすくたとえると医者が漢方を勉強するようなものらしい。

「たとえば、西洋医学は手術して身体の悪いところを切除したり、特定の臓器や症状に効能のある薬を処方したりするけど、東洋医学は全体に着目するんだ。身体全体のバランスを整えることを通じて健康にする」

そんな話、聞いたことがある。

「直接症状や臓器に働きかけなくても、バランスを整えるだけで、実際に治る人がいるんだから仕方がない」

博士によると、東洋思想って、長く帝王学として伝えられているものなんだって。今も名だたる経営者たちが経営や人材活用の指針として活用しているそうだ。社員が自分らしく頑張る助けになるなら、東洋思想で確かに会社は強くなると思う。

「だから、自分が持っている種を知って、腑に落ちるかどうかが問題。そこからすべてが始まるんだ」

　ということは、今、私が手に持っているこのシートは三千年の「こうなるんだから仕方がない」という知恵の積み重ね？　なんだか可愛いイラストが、急にすごいものに見えてきたんですけど……。

　博士は続ける。

「東洋思想を学んだ結果、私には、優しく人を応援する才能があることに気づいたんだ。使っていなかったけどね。自覚できたら、優しく人を応援するようにすればいいだけ。そうして、充実体験のサイクルを自分らしく回し始めた。それだけでお客さんが増えて、お金も稼げて、何より人生が楽しくなった」

　博士は昔を懐かしむような表情をしてから続ける。

「充実体験のサイクルを順番にバランスよく回すだけで、ほとんどのことは解決する」

　充実体験のサイクル？　それだけで？

「そう、自分の環境や才能の種に応じて、どうすればこのサイクルをうまく回せるかを考えればいいんだ」

　う〜む……。

「そして作り上げたのが、東洋思想を土台にした、私オリジナルのコーチングとコンサルティングのスタイルなんだ」

　パチパチパチ……。

　私には、博士が少し眩しく見えた。いや、そういう意味ではなくね。

P DECAサイクル

「東洋の考え方を取り入れた博士オリジナルのコンサルで、実際にうまくいった人がいるんですか？」

隣の彼女がそう尋ねた。

「もちろんだよ。ある美容院で、お客さんに毎回アンケートを書いてもらうようにしたんだ。設問は一つ、どこが良かったか。これだけで売り上げが二倍になった」

「ホントですか！？」

感嘆する私たち。でも、アンケートを書いてもらうことのどこが東洋的なんだろう？ 私の口から飛び出した疑問に博士が答える。

「PDCAサイクルって知ってる？」

これは知っている。『計画 plan → 実行 do → 評価 check → 改善 action →』このサイクルを回すこと。胸を張ってそう答えると、博士は言った。

「これは極めて西洋的な考え方なんだよ」

えっ？ PDCAが西洋的？ そんなの聞いたことがない。

「これでは充実体験は回らない」

博士はそう言ってから、充実体験を回す『五つのサイクル』の図を書いた。

博士は言う。

「これが充実体験のサイクル。東洋思想では、このサイクル全体に着目して、正しい順番で、バランス良く回す。そうすることで誰もが幸せになることができる」

そして、充実体験のサイクルを、丁寧に説明してくれた。

博士の熱弁に耳を傾ける私と隣の彼女。私の中で、充実体験のサイクルを回すということの意味が腑に落ち始めていた。

「充実体験のサイクルがわかったところで、次はＰＤＣＡだ」

博士は、そう言ってからＰＤＣＡの解説を始める。

「ＰＤＣＡの最後のＡが左側の〝動く〟に当たるんだ。何か課題があって、改善しようと動き始める。次に上側、そのために何をすればいいか学ぶ、計画する（Ｐ）。そして右側、そのやり方に従って実践継続する（Ｄ）。で、問題は次のＣだ」

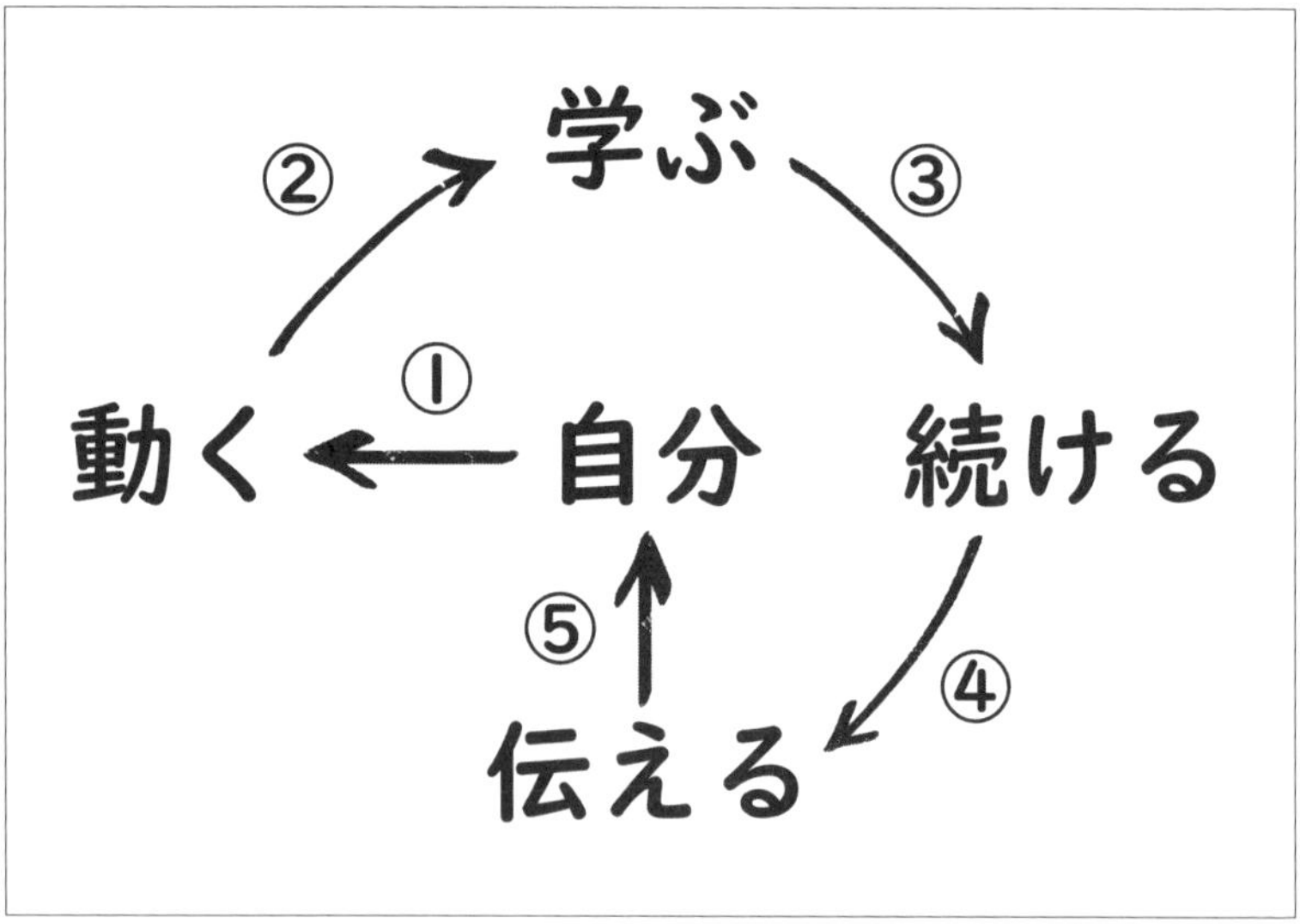

ん？　何が問題？　博士は言う。

「成果は自分のもとに訪れることだから、Cは真ん中ということになる。つまり、伝える・表現するという下側のステップを飛ばして、いきなり成果を検証しようとしているんだ。順番を飛ばしているんだよ。これでは充実体験は回らない」

そう言って、博士は図を描いた。

なるほど。PDCAという時点で、五つのサイクルを順番にバランスよく回せていないってことか。

「DからCに直接行っちゃダメなんだ。間に〝E〟を挟まないと……」

私の目は〝E〟に釘付けになる。

「〝E〟というのは、エンジョイだよ」

博士はあっさりと教えてくれた。

「計画して行動して、すぐに成果について検証するのではなく、実践し続けたことを発信して誰かに影響を与えたり、楽しさ・喜びを表現し

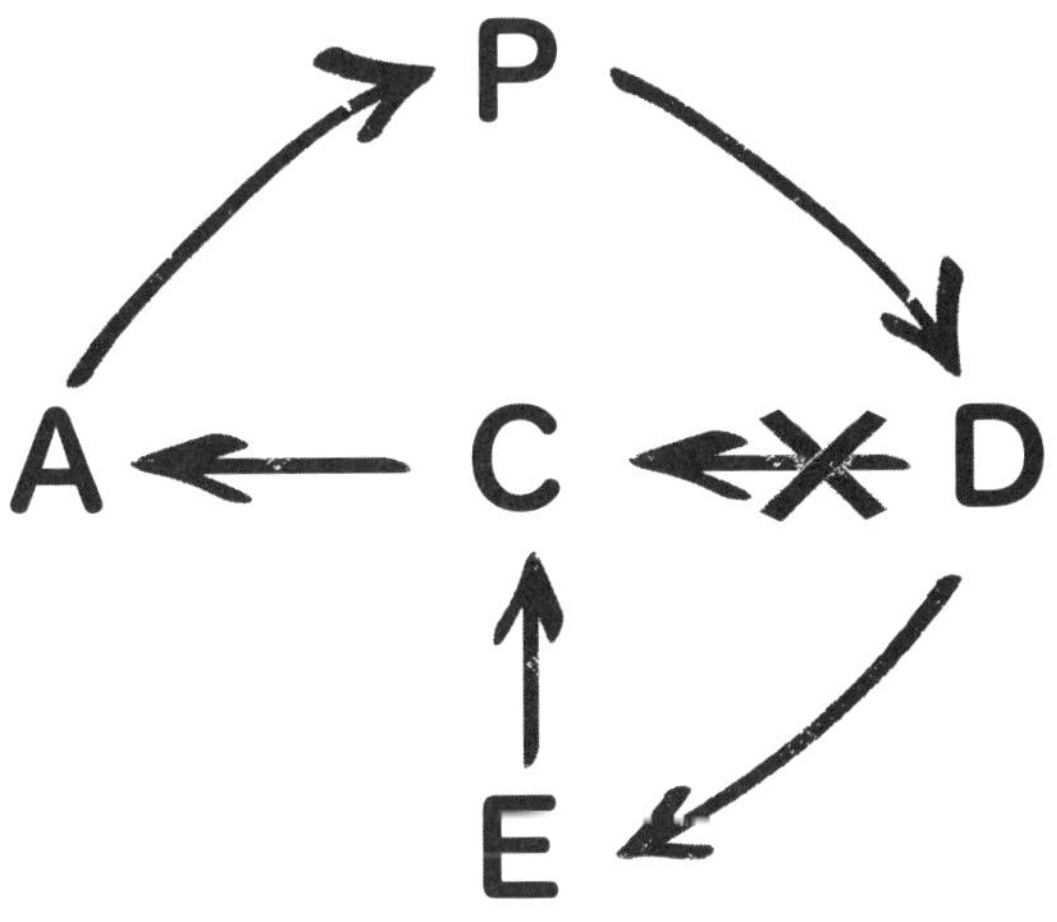

たりする、まるで火が燃え広がるような伝達のステップが必要なんだ」

なるほど……。

「それはまさしく、仕事を楽しむということだよね。だからエンジョイとネーミングしたんだ。楽しさが周囲に発信される。ＰＤＥＣＡという五つのサイクルを順番通りにバランスよく回すことで充実体験が回る」

ＰＤＣＡではなくＰＤＥＣＡで充実体験が回るってことか。

「そう、ＰＤＥＣＡそれぞれが、業種や店や個人によって変わる。それぞれに合った充実体験の作り方、つまりサイクルの回し方を伝えることが私流のコーチングなんだ」

なるほど……。

「美容師さんは褒められることが少ない仕事だからね。だから美容院では、アンケートという形を通じて、お客さんから良かった点を引き出す。そうすることで、美容師さんたちにお客さんが喜んでくれているというエンジョイを溜める。結果、自然にお客さんが何に喜んでくれたか、どんなことに不満を持ったかというチェックを自分でするようになる。次はこう改良しようというように自分から動けるようになり、売り上げが上がる」

う〜ん、なんだかお見事だ。博士は言う。

「充実体験を回すんだからね、当たり前なんだけど、スタッフが元気になるんだよ。これまで誰もしなかったような仕事を、みんなが進んでするようになる。離職率が下がる。エンジョイがなければ、次の課題を見つけて自ら動くことはつらくて仕方がないことになってしまう」

確かに「これができていない、あれが達成できていない」と悪いことしか言われないなら、誰だって次に進みたくなくなる。

博士は「まとめるね」と言ってからホワイトボードに書き出した。

＝＝＝＝＝＝＝＝＝＝＝＝＝＝＝＝＝＝＝＝＝＝＝＝＝＝＝＝＝＝

通常のPDCAサイクルの場合（普通のマネジメントサイクル）

P：計画する

D：計画したことをやる。やれることをやる

C：できたかできていないか、チェックする

A：できないことにぶつかる。できていなかったこと、計画になかったことをやる。

P：次の手を打つために、また計画する

＝＝＝＝＝＝＝＝＝＝＝＝＝＝＝＝＝＝＝＝＝＝＝＝＝＝＝＝＝＝

PDECAサイクルの場合（東洋思想のマネジメントサイクル）

P：計画する

D：計画したことをやる。やれることをやる

E：伝える。楽しむ。喜ぶ。分かち合う

C：できたかできていないか、チェックする

A：できないことにぶつかる。できていなかったこと、計画になかったことをやる。

P：次の手を打つために、また計画する

＝＝＝＝＝＝＝＝＝＝＝＝＝＝＝＝＝＝＝＝＝＝＝＝＝＝＝＝＝＝

書き終わったホワイトボードを背に、博士はエンジョイがあるから、仲間・資源といったいろいろなものが手に入るんだと言う。お互いの間で、「これいいよね」「こんなこともできるよね」と発信受信ができるようになれば、スキルやサービスが欲しいという人が現れる。そのこと

で自己肯定感が高まる。人が集まる。お金が集まる。エネルギーが高まった状態でなければ、CからAへとサイクルがバランスよく回らない。エネルギーが高まっていれば、挑戦や冒険ができるようになる！　充実体験のサイクルがぐるぐると回り始める！

私はなるほどと思った。充実体験のサイクルがぐるぐると回り始める！

私はなるほどと思った。確かにCからAへとパワフルに進まないのが、通常のPDCAサイクルの最大の欠点だと思った。

「メジャーリーグで活躍している大谷選手って、本当に楽しそうに野球をやっているよね。見事にPDECAサイクルを回している証拠だよ。チームの監督は、こう言ってるんだ。『楽しむことがどれだけ成功の原動力になるか、軽く見てはならない』」

充実体験……、PDECA……。

誰が何と言っても、私は、毎日を必死で頑張っている。でも楽しめているだろうか？　その答えは、間違いなくノーだ。

博士のトークは熱を帯びている。

「人間も自然の一部

人間の行動もその結果も自然界の法則に従う

人は何らかの役割を持ちながら生まれてくる

役割を果たすための能力（才能の種）を与えられる

自分の才能を十分に活かすことが、その人の使命

まずは自分の才能に気づく必要がある」

私は可愛いイラストが五つ描かれたシートを、ギュッと握りしめていた。

X = Y の章

3

作務衣のユーチューバー

吊り革をつかむ手に力が入っている自分に気がついた。僕は今、オンザウェイトゥ博士の事務所。つまり、今日は自分軸発見ワークショップに参加する日だ。また二時間も電車に乗って千葉県の海沿いの町まで行くのかとちょっと怯えていたけれど、博士の事務所は都心のオフィス街にあった。駅近だし、家賃高そう。お尻の皮がゆるくならずに済むのでラッキー。って言うか、事務所があるなら前回もそこで良かったと思うんですけど。絶対、博士の都合だ。ブゥー、ブゥー。

そんなことより、昨夜、なんとなく動画を眺めていたら驚いた。着物のようで着物ではない作務衣《さむえ》っていう作業着を着た男性の動画。たまたま出てきたんだけど、思わず見入ってしまった。タイトルは『東洋思想の枠組みの視点から考える、商店街活性化』。堅すぎるでしょ。飛行機の中で買ったアイスクリームぐらいガチガチですよ。歯が立ちませんよ。これまでの僕だったら、三秒と見ずに即移動。近所の商店街が廃れるのは寂しいとは思うけど、サラリーマンだからね。生活に困らないなら、コップの中の嵐にすぎない。

動画はこんな言葉でスタートしていた。

「商店街活性化の成功事例のすべてが、東洋思想五つのステップに則っています」

そして見せられた図が、博士が書いた充実体験の図と同じだったんだ。僕はビックリした。

「この流れに沿うことで、商店街の活性化は実現されます」

作務衣のユーチューバーは語る。

「西洋は部分に着目するけど、東洋は全体に着目するんですね。商店街の活性化は全体を俯瞰して考えなければ実現しないんですよ。つまり、東洋の考え方でないとうまくいきません」

博士と言っていることが同じだ。しかし、なんでこの人、作務衣？

「たとえば商店街が儲からない、人が集まらない、という悩みがあります。人やお金が集まるのは真ん中です。どうしたら集まるか、そこばかりを考えるのが西洋的な考え方です。真ん中だけでなく、全体を俯瞰して五つのステップを回すのが東洋的な考え方です」

そうそう、充実体験を回すってことだよね。

「自治体が公表しているような、成功事例を調べるとわかります。そのすべてが、こんなイベントをした、こんな情報発信をした、といったサイクルの一部分だけなんです。偏ってます。デデンッ！」

なんだこの効果音。

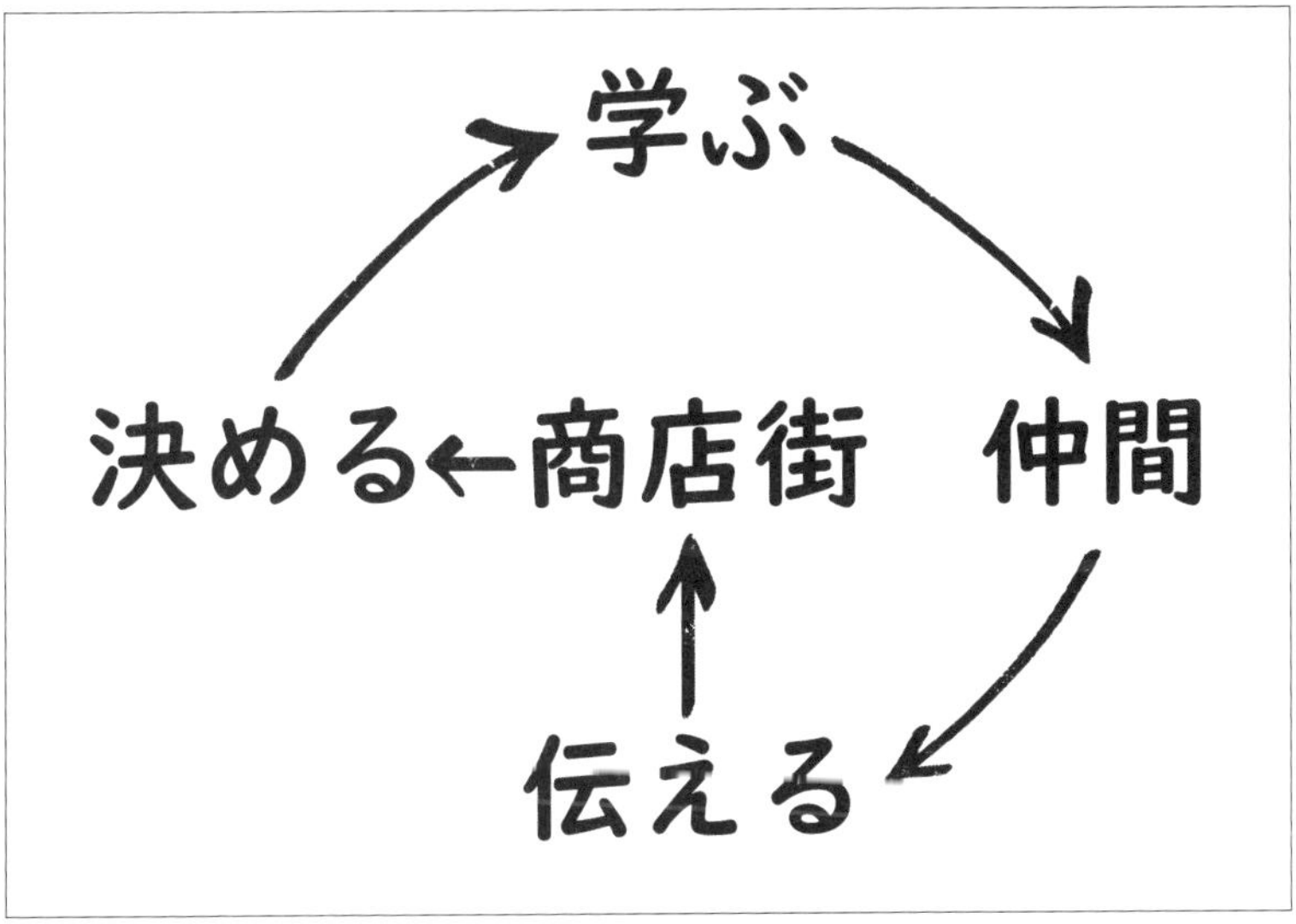

「何をするか決めることも大切ですが、どう学んだのか？　どんな工夫をしたのか？　それにどうやって一緒に頑張る人を集めたのか？　そしてどう発信したのか？　そのすべてを順番にバランスよく回すということをしなければならない」

熱く語る姿が、僕には羨ましかった。

「一部分だけ真似をするのではなく、全体を回すことです。そうして真ん中に引力を発生させることが肝要です。デデンッ！」

しかし、ホントよく似ている。

でも充実体験を回すことが、商店街の活性化にも有効なんてすごい。町や社会、ひいては国の改善にも使えるってことだもんね。個人や組織だけでもすごいのに、まさに無敵アイテム。でも、自分らしく回さないといけないいんだ。僕は考える。

自分らしく……。

こんなに簡単な言葉が、こんなに重い課題だったなんて。

僕の中の黒い塊は、休むことなく、この瞬間もうねっている。明け方になると、僕のみぞおちあたりを中から掻きむしる。心臓のあたりを這い回る。苦しいんだ。僕の才能の種ってなんだろう？　五つの種を知って、自分らしく充実体験を回すことができれば、僕は楽になるんだろうか。今の環境の中で、勤めているセメント会社で、充実体験を回すことができるんだろうか？　ここのところ、駅のホームでは線路から離れたところを歩くようにしている。なんだか危険を感じるんだ。やばいやばいやばいやばいやばいやばいやばいやばい……。

僕は窓の外を見た。

そうしないとおかしくなりそうだった。最近はこうして平静を保っている。

事務所では、博士が待ち構えていた。正確に言うとあともう一人。そのもう一人を見て僕は驚いた。作務衣のユーチューバーだった。そりゃ驚くでしょ。こんなことってある？　だって、昨夜、画面の中で見ていた人が翌日、まさかの場所にいるんだから。しかもなんで今日も作務衣なんだ。博士と仲が良さそうで、ニコニコ笑っている。

「あぁ、この人ね、仲間なんですよ。一緒に東洋思想をベースにしたコーチング、コンサルティングをやってるんですよ」

博士はそう言ってから、なんでそんなに驚いてるの、という顔をしている。僕は、やっぱそうだったんだと思いながら、商店街活性化の動画を見たことを伝える。博士は作務衣のユーチューバーに、僕を仕事に悩める仔羊だと紹介してくれた。

作務衣のユーチューバーは、親指と人差し指を九〇度にして顎に当てながら、う〜んと唸った。そして口を開いた。

「仕事がつらいなら、リーダーシップの話をしてあげた方がいいんじゃない？」

リーダーシップ？　僕はセメント会社の下っ端で部下がいるわけではない。そうやんわりお断りすると、二人は大声で笑う。何がおかしいんだ？　失礼しちゃうぞって、少々ムッとしていると、リーダーシップっていうのは人を動かすことであって、上も下もないんだと二人口をそろえて言う。う〜ん、なんだかよくわからない。

「今から自分軸発見だよね」

そう言いながら作務衣のユーチューバーは立ち上がった。

「これから行政と事業の打ち合わせがあるから。あとは博士、よろしく！」

そしてカッコよく敬礼ポーズをとりながら言った。

「デデンッ！」

口でも言うのか……。僕はズッコケた。

東　洋型のリーダーシップ

博士と二人っきりになった。

窓の外からは、都会のざわめきがなんとなく聞こえている。

「ほとんどの人が思うリーダーシップは、西洋型のリーダーシップなんだ」

博士がおもむろに話し始める。リーダーシップって言葉がそもそも英語なんだからそりゃそうだろうと僕は思う。

「わかりやすく言うと、引っ張る感じね。上から下にあれしろ、これしろと命令するみたいな。今の時代、これではうまくいかなくなっている」

僕はもう諦めているけど、ウチの会社は案外これで回っている。はぁーっ。

「無礼講というのは表向きだ」

先輩に説教された、あの日の光景がフラッシュバックする。う〜ん、胸の中の黒い塊がまた急に熱を持ち始めた。苦しい。

「アミノ酸を使った整髪剤を開発した時の話なんだけどね……」

博士の言葉に、僕はファミレスを思い出した。確か、湿度が高い状態でも固形を保って、使い終わったら温水で洗い落とせるのが難しいって言ってた。博士は昔を懐かしむように話してくれた。

◆◆◆　◆◆◆　◆◆◆　◆◆◆　◆◆◆

当時の私には、若い女性の部下が一人いたんだ。

人懐っこくて愛嬌のある素敵な助手でね、仕事終わりでよく一緒に飲みに行ったりしてたんだよ。全然そんなことないのに、みんなに「怪しい怪しい」ってよく言われてたよ。おかしいよね。

仕事はね、私が仮説を立てて実験条件を決める。そして、朝、「今日はこれでお願いできるかな」って頼むと「わかりました」って、装置を組んで実験してくれるんだ。反応させる原料の種類や量、反応の温度や時間などの反応条件によって、できあがる樹脂がまったく変わってくる。組み合わせは無限だからね。いろいろ理屈を考えて反応条件を決めるんだ。できた樹脂をテスト用の髪の毛の束に塗って、カールで巻いて乾かして固める。問題は、ここからだよ。

この毛束を高温・高湿度のオーブンに入れるんだ。しばらくして、カールが崩れてダラーンと伸びてしまうと不合格。一定時間キープできたら、次はお湯で洗い落とす。キレイに落ちれば見事合格！　高温多湿でもセットが崩れず、洗えばキレイに落ちるヘアスプレー用樹脂のできあがりだ。

当初は六ヶ月あればできるだろうという目論見だったんだ。でも、それがなかなかうまくいかない。一つの実験に二週間かかるから、反応条件を変えた実験を同時並行で進行させるんだ。でも、なかなかテストに合格する樹脂ができあがらない。

一年経ち、二年経ち、そろそろ実験は打ち切りになるんじゃないかと噂されるようになってきた。三年経って、三年半が経過した時、ついに本社から電話があったんだ。

「そろそろ打ち切りにさせてもらっていいか」

ついに来たか……、そう思ったよ。彼女に打ち切りを伝えなきゃと思って実験室に入ったんだ。彼女は大きな実験装置に頭を突っ込んでゴソゴソ何か作業をしている。

「ちょっと話があるんだけどいいかな?」

半年のはずがもう三年半で、しかも毎日失敗の繰り返し。そんな状況で打ち切りの噂も広まっていたから、何の話か察しはついたはずだと思うんだ。でも、彼女は頭を装置に突っ込んだまま、手を止めないんだ。ゴソゴソと作業を続けながら背中で私の言葉を聞いている。私自身も失敗続きの状況に疲れていたのかもしれない。彼女の姿を見ながら、思わず聞いてしまったんだ。

「どうしてそんなに頑張れるの?」

すると、彼女は背中を向けたまま即答した。

「だって、私、篠田さん、信じてますから」

頭を殴られたような感じって、こういうことなんだってこの時初めて思ったよ。この実験が打ち切りになっても、私はまた別のテーマの研究に取り掛かることになるだけなんだけど、彼女は配置転換になってしまう。好きな実験を続けられるかどうか、どんな仕事が彼女を待っているのかもわからない。

「何を諦めてるんだ」

そう思った瞬間、踵を返して資料をまとめて家に帰ったよ。そしてもっといい方法はないか、今まで考えもしなかったことはないか、別のアプローチがあるはずだと考えに考えた。あんなに必死で考えたことはなかったかもしれない。気づいたら朝になっていた。

翌朝、徹夜でまとめ上げた新しいプランを見せながら「これでお願いできる？」と彼女に言うと「わかりました」といつも通りの反応。彼女は昨日組み上げた装置を文句も言わずに分解して、また新しく組み立て始めたんだ。

その姿を見届けてから、私は本社に、あともう少しでいいから続けさせて欲しいと懇願した。

それから一ヶ月後。研究者が集まって休憩室でくつろいでいると彼女が入ってきてみんなに聞こえる声で言ったんだ。

「篠田さん、できました……」

えっ！　みんな妊娠でもしたのかと驚いて振り返った。私にはもちろん覚えがない。その瞬間、キレイに巻きが固まった毛束を高く掲げながら、彼女は大きな声でもう一度言ったんだ。

「できましたーーーーっ！」


おぉ……。

◆◆◆　◆◆◆　◆◆◆　◆◆◆　◆◆◆

「自分以上に自分を信じてくれている人がいると諦められないんだよね」

博士はそう言って、〝思い出しウルウル〟している。

「この時、彼女は、私のリーダーだったんだ」

なるほど、そういうことか。僕はうなずく。確かに博士の方が上司だし、彼女に命令されたわけでも責められたわけでもない。

「私は彼女に惹きつけられた。西洋型リーダーシップに必要なのは統制力で、東洋型リーダーシップに必要なのは求心力ってことだよ」

東洋型のリーダーシップは、この人のために、と思わせること。だからリーダーシップに上も下もない。それに意外かもしれないけど、能力も不要。自分らしく充実体験を繰り返して輝くことがすなわちリーダーシップを発揮するということに他ならない。誰だって、周りの人の力を借りて輝くことができる。そうだよな……。僕は納得していた。

博士は次世代型リーダーシップを発揮するためには三つのステップが必要だと教えてくれた。

①【自分を知る】自分の才能を知る、自分の軸を見つける
②【自分を活かす】自分の才能を活かして、充実体験で輝く
③【相手の才能を活かす】輝きを信じて応援する

「チームのすべてのメンバーが自分の個性と才能を最大限に活かし切れば、全体のエネルギーは自然にバランスがとれ、集団は『安泰』に成長する。指導者はメンバーの個性と才能を的確に把握し、適材適所を意識しながら人を集めていく。というより、自分の役割を果たすために、人が勝手に集まってくるようになるんだ」

才能の種の見つけ方と意味

「じゃ、その一、まずは、自分を知るところからだね。これが君の才能の種」

博士はそう言いながら、一枚のシートを取り出した。

才能の種？　受け取りながらシートに目をやる。

「なんだこりゃ……」

思わず声が出た。って言うか、ズッコケた。

「リアクションが昭和だね」

博士はそう言いながら笑っている。

充実体験を自分らしく回すためには、周囲を動かす必要がある。自分だけで充実体験は回せないからね。そのための第一歩は自分を知ること。そうだよね、博士。だから五つの才能の種ってめっちゃ大事だと思うんだけど。このふざけたイラストはなんですか？　それに、僕は

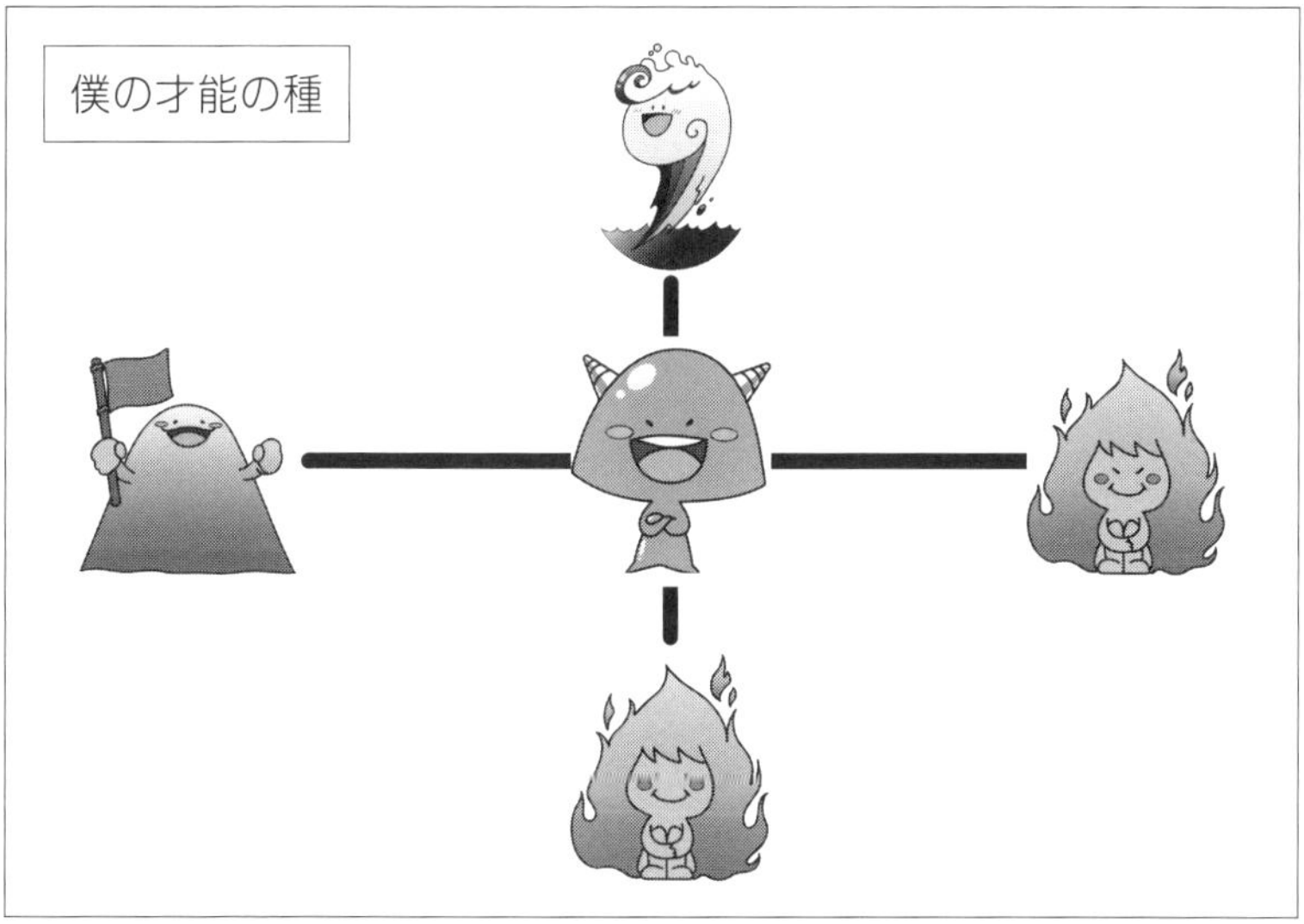

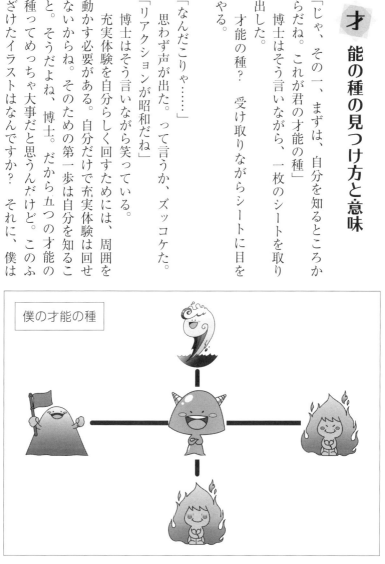

適正テストとかまだ受けていないんですけど。どうしていきなり出てくるんでしょう？　僕の視線を受け止めて、博士は言う。

「このイラストにも、イラストの位置にも意味があるんだ」

そりゃそうでしょうけれども。

「才能の種を知るには、適正テストは必要ないんだ」

テストもせずにどうやって自分のことがわかるんだろう？　う～ん、意味不明だ。悩める僕に博士は言う。

「考えてみて。自分を知る手法っていろいろあるけど、どれも設問に答えていって、回答結果を集計するよね」

そりゃそうだ。だって他にやり方なんてないに違いない。

「でもさ、それってモヤモヤしない？」

モヤモヤ？

「たとえばさ、自分は一つのことをやり続けるのが得意である、1～5の五段階でどれくらい当てはまる？　なんて聞かれたらどう？」

それは確かに答えにくいかもしれない。でも、その手のテストってそんなものじゃないだろうか。

「どちらとも言えないかなぁ、と迷って、3にしておくか、でもちょっとくらい言えている気もするなぁ、ちなみに4と答えたらどうなるんだろう？　いや、5と答えた方が良い結果が出るような気がする……、なんていろいろ考えながら進める気持ちの悪さ」

確かに……。

「それに、昨日読んだ本に影響されたり、こうあるべきだ、ありたいなといった着飾った自分が突然出てきて回答したり」

うーむ。

「上司の前ではそうだけど、部下の前では違うなぁとか」

そう言われると、確かに割り切れないまま回答してしまう経験が多々ある。

「こうしてモヤモヤしながら回答した結果、点数を集計して出てきた判定に今一つ確信が持てないって、当然だと思わない？」

確かに。テストを受けるたびに結果が違う、なんてこともよくあることだ。

「そもそも、自分ではよくわからないからテストを受けるのに、そのわからない自分に聞くって限界があるでしょ。本人の才能の種を、本人に聞くなんてことはしない」

博士はそう言って、可愛いイラストが描かれたシートを指さした。

「本人に聞く必要なんてないんだよ。簡単に手に入れられるこのシートをヒントに、これまでの人生や自分の言動を観察して、個性を見極める」

簡単に手に入れられるって、どうするんだろう。

「スマホにチョチョっと入力するだけなんだ」

スマホにチョチョって……。う〜ん、ますますわからない。そんな僕を見ながら、博士は明るく言った。

「今から才能の種を解説するから、よく聞くように！」

否応なく、解説が始まった。

一番上にある波のイラストはユニークっていう才能の種を表しているんだ。学びのプラスの才能でね。好奇心旺盛で、我慢強いから、きっと諦めが悪いとか言われてきたんじゃないかな？　チャレンジ精神旺盛で、放浪の旅をする人がよく持っている才能だから、常識にとらわれない自由な生き方が向いている。

真ん中の鉄兜は、スピードっていう攻撃の種。絶えず緊張状態。短期決戦が得意なところがある。とにかくすぐに行動する性分だね。白黒ハッキリ、隠し事をしない。深く考えず、すぐに行動。だから、上司に忖度なく思ったことを口にしてトラブルになったりするんだよ。じっとしていられないから、走っては休み、走っては休みの人生ってところかな。

座っている男の子が燃えているイラスト。これは伝達のマイナスの才能の種でフォーカスっていうんだ。才能の種は、二つあると強くなるし、逆にプラスの才能の種を発揮できるようにもなる。だから、なにより感性豊かに、音楽、絵画、文章といった芸術を通じて伝える仕事に向いている。作文で賞を取ったこととかあるんじゃない？　プラスの才能も発揮できるから、話すことで伝えたり、人を楽しませたりする才能もある。きっと、スピーチとかも得意でしょ。無邪気な子供のような遊び心があるから、大人になってからも子供っぽいと言われたことがあると思う。

山が旗を持っているイラストは、ハートフルっていう引力（魅力）の才能の種。気前が良い人だね。今が良ければ良いって感じで、お金の出入りが大きくて、貯めるのが苦手。人から愛されたいし、愛情奉仕が好きだから、押し付けになって、重いとかしんどいとか言われて女性と別れたことがある。

◆◆◆　◆◆◆　◆◆◆　◆◆◆　◆◆◆

ざっとした解説を終えると、博士は僕を向いて言う。

「どう?」

どう? と言われても。そう思いながらも、僕は当たっていると思った。思ったことをそのまま口にして上司に嫌われるなんてそのままだけど、学生時代の彼女に「愛情を押し付けないで!」って言われたのはほぼトラウマレベルの思い出。だけど、なんでそんなことわかるの?

確かにお金はあれば使ってしまう。だから、貯金はほとんどない。諦めが悪いのは事実だし、確かになんでもやってみようとする。

それに、ガス会社のCMみたいなイラスト。体育座りしているこどもが燃えているやつね。めちゃくちゃ僕そのものなんですけど。宴会とかで司会するの好きだし、みんなに楽しんでもらうことにある意味、僕は命を賭けている。絵は得意じゃないけど、アコギを始めてからは見よう見まねで作曲したりしている。子供の頃から作文で賞を獲ったことは何度もある。でも、なんでそんなことわかるの?

頭の中で様々なことがグルグル回る僕に、博士はもう一度尋ねる。

「これまでの人生を振り返ってみるとどう?」

当たっているでしょ、と言わんばかりの博士に当たっていると正直に答えるのは少々癪だ。だから、放浪の旅とか興味はないので、当たっていないのもあると伝えると、博士は言った。

「才能の種には芽を出しているものも、そうでないものも、意識して活用しているものも、知らずに役割を担っているものも、まったく隠れているものもあるんだ」

ま、種なんだから、そりゃそうかもしれないと僕も思う。

「だから当たっているかどうかではなく、これまでの人生と照らし合わせて、全体が腑に落ちるかどうかが問題なんだ」

僕は、腑に落ちるかどうかと聞かれると、かなりの部分でどうしてわかるんだというくらい腑に落ちると白旗を上げた。

自分軸ってなんだ?

「〝言われてみると腑に落ちる〟ということは、自分ではあまり気づいてなかったということだよね」

そう言って、博士はニヤリと微笑んだ。

「大切なのは、自分が知らない自分を知ることなんだよ。リアルな自分を知ることで、自分らしく充実体験を回すことができるようになる。自分を知るためには、自己分析と自己観察が必要」

確かにそうだ。でも、自分のことは自分が一番わからない。自分を知るって難しい。確かドラッカーもそう言ってた。自己観察って簡単に言うけど、どうしていいやらわからない。だから、みんな自分らしく頑張れないんだよね。

そんな僕の疑問に、博士は、ふ〜っと息を静かに吐いてから、力強く答える。

「長所も短所も、自分の知らない自分は他の人に教えてもらった方が早いよね」

そうかもしれない。

「だから、たとえばなんだけど……」

そう前置きしてから、博士は言う。

「周囲の人と信頼関係を築く。その相手からお願いされることは、できると思われていること、だよね」

確かに。信頼関係ができていれば、できもしないことを振られることはないかもしれない。

「だから、え〜、そんなこと？　なんて思ったとしても二つ返事でＯＫしてやってみるんだ。そしてできたら、これってもしかして、自分が得意なことなんだろうかと自分と対話する」

おぉ……。

「結果、言われてみれば、昔から何気なくやっていたかも。とか、周りの人は確かにこれあまり得意じゃない人が多いかも。なんて腑に落ちるところがスタート地点」

なんとなくわかりかけてきたような気がする。

「つまり、自己観察の道具が、必ずしも五つの才能の種である必要もないんだ。だから、スティーブ・ジョブズは、他者との対話を通じて自己観察したと言っているんだ」

スティーブ・ジョブズって、あのアップルの創業者でしょ。

対話で自己観察……、なるほど。

「自己観察の結果、自分にできること、自分が本当にやりたいことを捉えるんだ。そうすることで自分軸が確立される」

自分軸……。

「〝あなたが本当にやりたいことを見つけるまで探してください。妥協してはいけません〟。これ、さっきのジョブズの言葉だよ」

おぉ……。確か、ジョブズは東洋思想に傾倒していたと聞いたことがある。

「周囲との対話でなくても、カウンセリングでも、マインドフルネスでもいい。もっと言えば、タロット占いや夢判断でも、自分以外であれば何でもいいんだ」

たとえば、占いの結果を通じて自分を観察する。その上で自分と対話して、それが腑に落ちれば、腑に落ちるんだから仕方がないってことか……。

博士はあっさりと言う。

「私のコーチングでは、東洋思想の五つの才能の種を活用する。ただそれだけのことなんだよ。自分軸は、面倒臭がらず、徹底的に追求しなければならない」

確かにそうだろうと思う。だから僕は今ここにいて、自分軸発見ワークショップに取り組もうとしているんだ。博士は言う。

「これからはＡＩの時代だからね。人間は持つことができても、ＡＩが決して持つことができないもの、それが自分軸だよ」

あぁ……。

「ＡＩには〝意思〟がないんだ。何のために何を実現したいという自分軸がＡＩにはない。ＡＩに知識量や処理速度で敵うわけがないから、自分軸を持っていなければＡＩに使われるだけになってしまう。自分軸を持つということは、使命を持つということなんだよ」

使命という言葉が、僕の中で反響する。

「アメリカの大学に留学した時の話なんだけどさ」

博士はそう言って、また自分のエピソードを話し始めた。

◆◆◆　◆◆◆　◆◆◆　◆◆◆　◆◆◆

私が留学したのはアメリカペンシルベニア州のピッツバーグにある〝カーネギーメロン大学〟。どうしてこの大学を選んだかというと、メロンが好きだったから、というのは冗談で、高いレベルで異分野間の共同研究が行われていたからなんだ。

そりゃもう、世界中からあらゆる国籍、あらゆる人種の優秀な人たちが集まって独創的な研究をしていたんだ。私は、環境が環境だから、英語でコミュニケーションさえ図れたら問題なく成果も出せるだろうと思っていた。でも、それは大間違いだった。英語でのコミュニケーションは問題なくても、成果が出ない。みんなどんどん成果を出しているのに、私はいくら頑張っても思うような成果を上げられなかったんだ。

なぜだろうとずっと悩んでいた。そんなある日、仲間同士で何気なく話していて、その理由に気づいたんだ。

「君は何でここにいるんだ」

仲間の一人から、ふとそう聞かれたんだ。咄嗟に私は答えられなかった。ただなんとなく、日本にいても……、とフニャフニャと答えたけど、他のみんなは明確に理由を口にするんだ。驚いたよ。その中でもとくに、クロアチアから来ていた目つきの鋭い留学生の言葉には衝撃を受けた。

「俺の祖国は、ついこの前まで独立のための戦争をしていた。同級生はみな、兵役に行った。

俺は、ここで成功して、成果を持ち帰って国のために役に立つ」

めちゃくちゃシンプルで、これ以上なく力強い言葉だったんだ。

私は、これかと思ったよ。

結果を出している人には軸がある。使命があるんだ。

何のために何をやっているか？　明確な答えがないと結果が出ない。

自分軸がなければ、本当は何をやりたいのか、答えが出ない。

何をやりたいのか、答えが出ないと、うまく行かなかった時、立ちはだかる壁が高い時、充実体験を回せなくなる。

充実体験を回し続ける、心のエネルギーを生み出すために、自分軸は必要。軸をつくることも、私のコーチングの大切な要素なんだ。

◆◆◆　◆◆◆　◆◆◆　◆◆◆　◆◆◆

自分軸……。僕は会社で受けた研修を思い出していた。講師は、ものすごい売り上げを叩き出しているというカリスマ営業マン。とくに興味はなかったからなんとなく聞いていただけだった。でも、確かこう言っていた。

キッカケは、父親の会社の倒産。家族みんなで借金を背負うことになって、若かりし彼は、友人の結婚式にも参列できないほどお金がなったそうだ。そんな時、大学の同窓会の案内が届く。会費は数千円だったので、これならと参加した。

二次会にカラオケに行こうという話になったが、財布の中には4千円。微妙だなと思いつつ、まぁ、カラオケだし、なんとかなるかとついていった。でも予約されていたのは高級カラオケのVIPルーム。驚いたが逃げられない。歌いながら、手拍子しながら、彼の頭の中は会計のことで一杯だった。そして、いざ、幹事が一人ひとり回りながら徴収を始める。ついに、彼の前に来て言ったそうだ。

「お前、知ってるよ。情けねぇよな」

えっ？ と驚く彼に幹事は続けた。

「親の会社倒産したって？ なんだよそれ。金ないんだろ？ 金ねぇなら、来なくても良かったんだよ。貧乏人は払わなくていいよ」

その時、隣には大学時代の彼女が座っていたんだって。

幹事が去った後、彼は心の中で絶叫した。

「もうイヤだ！」

絶対この状況から抜け出してやる！ 震える手を握りしめて、心に固く誓った。

で、翌日からとにかく時給のいい仕事を探して、見つけたのがテレアポの仕事。とにかく電話をかけ続けるキツい仕事で、冷たくされたり、罵られたり、叩き切られたりで、心が折れて周囲はどんどん辞めていく。そんな中、彼は頑張り続けた。そして知らず知らずに営業トークが上達して、半年でアポ率一位を獲得。そのことが今の自分の原点なんだって。

彼は言っていた。

「私には『もうイヤだ！』という軸があった。だから何を言われても、どんな切り方されてもなんとも思わなかった。軸がある人間は強いんです」

博士が言いたいのは、そういうこと？

僕にもやりたいことはいろいろある。就職なんてしたくなかったし、自分で会社をつくるのもいいと思ったこともある。だったらどんな会社？　そう聞かれると困ってしまう。そう言えば、学生の頃は漫才師になりたいと思ったこともあった。お笑いが好きだしね。漫才師かぁ……、非現実的にもほどがあるけどね。でも、本当に僕がしたいことって何だろう？　エッセイとか書いて暮らせたら最高。でも、今の僕には明確に答えることはできない。僕には軸がない。今日、それが見つかるんだろうか……。

予測と予言と予知

しばしの沈黙が流れた。博士はゆっくりと話し始める。

「それに、自分軸を見つけて、心の奥底から湧き出すエネルギーで充実体験を回せるようになると、流れが見えてくるんだ」

流れ？

「そうなると、いつ頃どんなトラブルが起こるかもわかるようになるんだよ」

僕はへぇ〜と思った。でもそれって未来を予言できるってことだよね。本当にそうならすごいけど、ちょっとそこまで言うと眉唾かも。

そんな疑念を、博士は明るく払拭する。

「それでは、ここで質問です」

なんだ？

「予測と予言と予知の違いって、何？」

考えたこともなかった。でも、聞いた感じ、微妙に違う気がするんだけど。かと言ってどう違うと聞かれてもうまく答えられない。

「予測と予言と予知は、」

博士はここで溜めをつくった。

「エノキとヒノキと猪木くらい違う」

何という例え……。確かにその三つは全然違う。でも、そこまで違わないと思うんですけど。さすがに博士、それは言い過ぎ。博士は自信満々に続ける。

「予測は、データや情報をもとに、理論的、科学的に未来をあらかじめ測定すること。つまり、予測は現実の世界の中にある。現実は測定できるよね。でも、予測が不可能な時代になってきた」

VUCA（ブーカ）だっけ？　確かにそうだ。

「一方で予言は、未来の出来事を感性や霊的能力によって受け取って言うことだから、データや理論に基づかない。つまり、現実ではなく、精神の世界だね」

わかる。「なんか降りてきた～」という世界。怪しい～って感じがする。

「でもさっき、いつ頃どんなトラブルが起こるかわかる、と言ったのはこの予測でも予言でもなく、予知なんだよ」

予知……。

「目に見えないものもしっかりと捉え、その上で現実の情報を元に理性的に考える。これが予知。名だたる経営者たちは、この予知をすることに命を賭けて、正しい経営判断や適材適所を実現してきたんだよ」

僕は考える。東洋型のリーダーシップを発揮して引力を発生させながら、充実体験をグルグル回す。起こるトラブルを予知することで被害を最小限に抑える。そういうことだよね。それに経営者でなくても、誰だって誰かと関わって生きているんだ。関わる人とどううまくやっていくかを考えることは、リーダーシップを発揮することに他ならない。

「自分の人生を誰かによって流されるのではなく、自分自身で主体的につくっていくことが必要なんだ」

博士はそう言ってから、さらに続ける。

「他人に流されず、自分で自分の人生をつくっていく。誰もが自分の人生のリーダーであるべき。だから予知は大事」

博士の言葉に、僕は運命が大きく動き出しそうな気がしていた。結果、どんなに大変なことになっても、自分らしく輝くことができれば、きっと今よりずっといい。少なくとも生きていくのがつらくなったり、駅前のお店で毎晩ワインを一本飲んだりすることはなくなると思う。

僕の準備は整った。博士の目をしっかりと見つめた。そして心の中で言った。

さぁ、博士、そろそろ始めましょう。

X=Xの章

3

私の才能の種

「では、始めましょうか」

そんな博士の言葉をキッカケに、私のシートの解説が始まった。


「心の奥には、無邪気な子供のような太陽がある人ですね」

無邪気な子供！　やっぱそうなんだ！　それ、何となくわかる！　だって自分で自分のことを、永遠の小学五年生だって思っていたし。ここのところ、人生なんだかおかしくなってるけど、単純に楽しいことしたいし、イヤなことはしたくない。

それはそうと、このイラスト可愛くない？

上と真ん中にある、ほっぺの赤い木のイラスト、なんだか私みたいで気に入った。左と下の顎に手をあてているキリッとしたイラストもなんだかいいし。博士はこのイラストの何を見て、

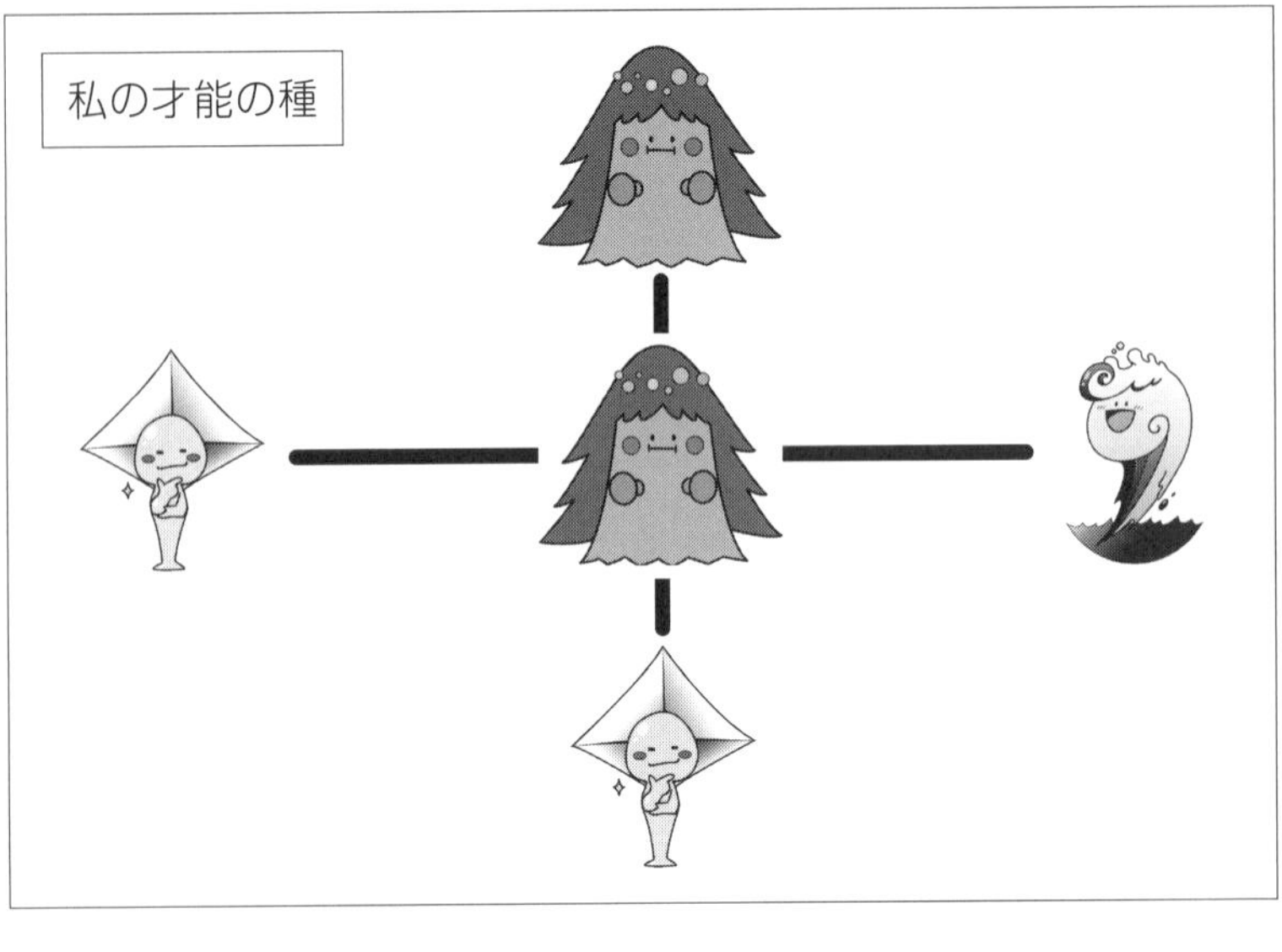

無邪気な子供とか言ってるんだろう？　ほんと不思議だ。

博士の解説は続く。

「それでいて、外面はクールでカッコよくしていたい。きっちりとしたい完璧主義」

そうなの？　自覚はないけど、でも適当じゃダメって思っているかも。仕事ができる人だって思われたいし、プライベートだってちゃんとしてるって思われたい。もしかして、だからしんどさを感じてたの私？　もっと適当に生きればいいってこと？　でも、それが氣質なんだからどうしようもないよね。う〜ん。

「そして、内面的には独特の世界観を持っている」

独特の世界観？　正直、これもそんな風に思ったことはなかった。でも、変わった人だと昔からよく言われてきた。確かに。私、人と違ったことをするのが好きかも。そうそう、学生時代は友達から自由だってよく言われた。だから、奇抜な自由人です、なんて自己紹介をよくしてた。私って世界観が独特だったんだ。知らなかった。って言うか、なんで博士は知ってるの？

「そして本来は、何かに向かって進み続けたいという生き方」

生き方と言われても、あがいてるだけだからね。学生時代は、家の借金を返す助けになればって、勉強よりアルバイトに必死だったし、今は、娘と二人で幸せになろうと必死。幸せって何？　私、どこに向かって頑張ってるの？　う〜ん、でも粘り強いというか、あきらめが悪い、というよりあきらめない女だと自分で思う。良いのか悪いのか、ほんと困った性格だよ。

「最後に、問題に振り回されると不安に陥りやすいところがあるよね」

えっ！　そう言われると確かにそうだ。何か問題が起こると、大変だって、とんでもないことになりそうだって、わぁ〜ってなる。ただのそういう性格かと思っていたけど、問題を前にすると不安に陥りやすいってことなんだ。その気持ちが暴走するからわぁ〜ってなるんだ。そうか、だから何か問題が起こるたびにうまくいかなかったんだ。そうか。そういうことだったんだ。

目からウロコが落ちた気分の私に博士は話しかける。

「才能の種の解説、聞いてみてどう？　当たっているかどうかじゃなくて、腑に落ちるかどうかが問題」

腑に落ちるというより、自分の謎が解けた気分。私はそう博士に伝える。

「そうそう、自分の持つ才能の種を知らないと、どうしてこんな行動を取ったのか、どうしてそんなふうに考えるのか、自分自身が謎だよね」

そう言いながら博士は笑う。

「才能の種はイラストで表現されているからシンプルな意味しか持っていないと思われがちだけど、意味はめちゃくちゃ広いんだよ。だから人は千差万別なんだ。今から時間をかけて、才能の種を知ってもらって、自己理解を深めていくとしよう」

そのうちに慣れるからという博士の言葉通り、最初は雲をつかむようなイメージだったのが、一時間も経過する頃には、なんとなく感覚的につかめるようになってきた。そして自分の能力や得手不得手、好き嫌い、行動の特性が五つのイラストと因果関係で繋がってくるような感覚に襲われる。このイラストって、視覚的なイメージで理解できるんだからすごい！

そうなってくると、私の中からありのままの自分のやりたいことがどんどん湧いてき始めた。アロマもいいけど、食育だってやってみたい。絶対自分に向いている。自分の身体と向き合うこともきっと得意だと思う。だからヨガを勉強して教室を開くのもいいかも。油絵もいいし、押し花アートもいい。アート系、私、絶対得意だから、ステンドグラスとか、あまり見かけないようなスクールをやってみたい。

あれもできるこれもできる。自分の才能の種を知って、自分の理由に触れることができると、どんどんと湧いてくる。私、すごいかも。そう思っていると、隣の彼女が口を挟む。

「ものすごくいろいろ出てくるよね」

うん、自分でも止まらないんだ。

「……、で、本当は何をやりたいの？」

え？　何って？　だから、……、え？　ちょっと待って、

……わからない。

頭の中の雑踏が、一気に音をなくす。

本当は何をやりたいのかって？　わからないんだ。

私のコアの想い

博士は言う。

「人生やビジネスを力強く前進させるには、夢だけじゃダメなんだ。かといって、現実的なノウハウを追い求めるとどうなる？　軸が定まっていないと、現実に振り回されてしまう。最初にやっておくべきことは……」

博士は大きく息を吸い込んでから、一気に口にした。

「心の奥から自分を突き動かす〝コアの想い〟を見つけること」

コアの想い……。

「そう、本音のキーワードだよ」

本音のキーワードを見つけることができれば、問題が起きたとしても、立ち止まったりすることなく、充実体験を回し続けることができる。

博士は自分自身の体験を話してくれた。

◆◆◆　◆◆◆　◆◆◆　◆◆◆　◆◆◆

まずね、持って生まれた才能の種は、いきなり花開くというわけじゃないんだ。

人が生まれた瞬間は、才能の種はあるけどまだ才能はゼロの状態。才能の種が開くためには何千時間という時間が必要となる。ＶＯＩＤ（ボイド）と呼ばれる幼少期の欠落事項が、才能の種を開花させるのに必要だと言われているんだ。

要するに、子供の頃に足りないもの、つらい経験といったことがあるから、〝欲しい〟という渇望が生まれて、才能の種は芽を出して成長する。人はＶＯＩＤと才能の種を選んで生まれてくる。そして、才能の種とその人の精神は連動しているんだ。連動するその根本の部分にあるのが、コア。

コアを自覚していなくても、うまく行っている人はたくさんいる。でも、成功している人は幼少期の経験から生まれるコアによって、才能の種を活用している。これは間違いない。


私の場合はね、今でも覚えているつらい経験が三つあるんだ。一つ目は保育園の年中さんの時。大広間でお昼寝していたんだ。起きてお遊戯が始まったんだけど、実は私、おねしょしていたんだよ。恥ずかしくて隠して踊っていたんだけど、そりゃバレるよね。だんだんみんなが気づき始めてザワザワし出した時、先生が気づいて保育園の西の部屋に連れて行かれたんだ。その部屋には壁いっぱいに引き出しがあって、パンツを出して、ギュッと履かせてもらった瞬間、「あいつ、おねしょしてるぞ」って声が聞こえたんだ。その声に背を向けると、西陽が見えた。真っ赤な西陽。今も覚えている。

その時の感情が、「ちくしょー！」。

二つ目はね、私は運動神経が鈍かったんだよ。広場に野球しに行くと「なんでお前来るんだよ」って友達に迷惑がられてね。悔しかった。母親が見かねて、「うちの子いじめないで」と言ったら、余計にいじめられたんだ。悲しくてみんなから目を背けてね、横を向いたたところに葡萄の木があったんだ。その葉にカナブンがとまっていた。その映像が今でもくっきり記憶の中にある。

その時の感情も、「ちくしょー！」

最後に、小学校のプールの授業中、追いかけっこをしてみんなで遊んでいたんだ。すると先生が突然、水の上にビート板を浮かべて、「この下をくぐれ！」って言いだしてね。みんな喜んでザブザブくぐるんだけど、私はそれが怖くてね。躊躇していると、先生に頭を無理矢理押さえつけられて、気を失ったんだよ。

その後すぐプールサイドでゴホゴホン、と目覚めて泣いていると、向こうから好きだった女の子が見ていたんだよ。その時の彼女の表情……、この歳になって思い出しても胸が張り裂けそうになる。「ちくしょー！」

どれもなんてことのない思い出のようだけど、当時の私の心に深く刺さったまま、ずっと抜けなかったトゲなんだ。そんなエピソードを掘り起こして言葉にすることは大事。言葉には感情が宿っているから、感情が表出するんだ。そして掘り起こした言葉を一つに絞る。

私の場合は、「ちくしょー！」だったんだけど、同じ「ちくしょー！」でも、人によってエピソードは違う。エピソードとくっつけてコアの言葉を出す。

これまで私がコーチングした人の中で例を挙げると、「助けて！」「僕ってすごいでしょ！」「ねぇ、ちゃんとやろうよ！」「知りたい！」といった言葉があったね。

コアの言葉があるから人は頑張り続けることができて、できる自分になっていく。弱かった自分、できていなかった自分に、「こんなことができるよ」ということを与えることができる。それが成長。

五つの種が成長する中で絡み合いながら、性格や人間性を作り上げていく。

コアの言葉が出てから、改めて五つの才能の種を見る。その時に、誰もが腑に落ちるんだ。五つの種の中の一つが、その言葉を自分に言わせているってね。

私は「ちくしょー！」というプライドの言葉があったからこそ、それを武器に、自分にある才能を活かしてプライドを持って頑張ろうと思い始めた。学びの種を活かして勉強したし、ユニークな発想の種を活かして研究者にもなった。

会社を辞めて営業セミナーに参加すると、まずは天気の話など、相手の気を引く話をしてくださいと教わる。でも、私にはどうもうまくできない。そこで「ちくしょー！」を活かせばいいと考えた。「別に私から仕事をくださいとはお願いしません。私にできることでよければ、お教えします」という、プライドを保つスタイルに変えたんだ。そうするとお願いしないのに、仕事が入ってくるようになった。

できないことを一生懸命やっていると、自分らしくない負のスパイラルに入ってしまう。小さな才能かもしれないけど、できることに気づいて、自分らしく生き生きと頑張る。

◆◆◆　◆◆◆　◆◆◆　◆◆◆　◆◆◆

確かに自分が持って生まれた宿命を知ると、自分が抱きやすい感情や、今この瞬間、どういう感情で生きているかということに納得できる。

私のコアの想いってなんだろう……。

コア出しワーク

「さ、それじゃ、手元のポストイットにいろいろと書き出していこうか」

博士のその言葉を合図に、私と隣の彼女はペンを持つ。

「最初の質問は、どうして二人はいろいろな選択肢がある中で今の仕事を選んだんだろうか？その理由をどんどんと書き出してみて」

制限時間は三分。少ない人でも六個は書き出すと博士は言った。

私はペンを走らせる。

アロマが好きだから、人を癒す仕事をしたかったから、……。

スムーズにペンは進む。この質問は簡単だ。七個ほど書き出したところで、ちょうど三分が経過。次の質問に移行する。

「もし、お金も時間も何の制限もないとしたら、何を実行しますか？」

う〜ん、なんだろう。お金にも時間にも制限のない生活なんて考えたこともない。戸惑う私。ありきたりだけど、海外旅行にでも行ってのんびりするかな。それとも世界中からアロマを集めて研究しようかしら。う〜ん、なんとなく夢が広がる。

「仕事や趣味を通して、最高にやりがいや達成感を感じるのはどんな瞬間？」

そりゃ、お客さんが喜んでくれた時だよ。誰かに喜んでもらえることを仕事にできていることは私の唯一といっていい誇りだからね。

博士からの質問は次々と続く。

私自身が大切にしていることって……。

お金と時間をかけてきたことって……。

言葉にできていなかったものが浮き出てくるような感じがする。一人で取り組んでもきっとこうはいかないに違いない。自分のことなのに、へぇ～、だなんて。これって不思議な感覚だ。新たなる発見？　自然に自分の中の本音の部分に手が触れる。普段だったら、ここにはきっと触れない。その前に話は別の方向に絶対に行っている。こういう場だから？　それもあると思う。博士のようなプロのコーチだから？　う～ん、なんだか妙な安心感があるんだよな。確かにそうだ。

少しずつ本音の想いが言葉になる。

人って本当に好きなもの、大切にしているものって自覚できていないことなのかもしれない。

ポストイットを書きながら、私はそう思った。

「次は、時間をかけて考えますね。子供時代、印象に残っている出来事や事件を思い出してみましょう」

博士の言葉に私は無意識に反応する。

「子供の頃なんて、何もないですよ」

アレ？

「印象に残った出来事、あるでしょう。悔しかったこと、嬉しかったこと、感情が動いた時を思い出してみてください」

隣の彼女は顔を少し傾けて、左上を見つめながら何かを考えている。

私は「とくに何も思い出せませんよ」と、また答えている。

アレ？　何かがコツンと何かに触れている。なんとなくそう思った。

私は、仕方なく、のんびり考える。

子供の頃、パパの会社が倒産したんだよな。そうそう、それからおじいちゃんの家に引っ越して、そこからあまり覚えていないだよね……。確か、あの時私はまだ小学生だよ。そう八歳だな。一番上のお兄ちゃんは一〇歳年上だから一八歳か。

そういえば大人になってから、私、毎日歯医者に通っていた。なぜだろう？　虫歯？　違うよな。覚えていない。なんで歯医者のことなんて思い出したんだ。まあいいか。

少しずつ記憶がほどけていく。

パパは仕事しなくなっちゃったんだ。そう、ずっと家にいたんだよ。

忘れていた光景が、脳裏に浮かび始める。

そうそう、お酒ばっか飲んでた。機嫌を損ねると暴れるんだ。いつもお兄ちゃんと言い合いしてて怖かった。・・・・・アレ？　なんか耳鳴りがするんだけど。お酒の臭い。そう、パパの息、いつもこんな感じ。うわあぁぁぁっ！　誰かが叫んでいる。誰？

・・・・・ガッシャーン！！！

えっ？　ちょっと待って、何の音⁉　何かが割れた？　リアル？　いや、記憶だよね、これ。地の底から何かがくる！　真っ黒い……何？　怖いよ。怖いよ。何か来る？　暗い！　暗いよ！

ドンッ！

何の音なの？

ベチィッッ！

ちょ……、何かが来るよ。私、心臓が暴れ回りそうなんだけど。動けない！　真っ暗、怖い、闇。震えている。苦しい。すごい音、響く、畳が揺れている。息が苦しい。怖い。怖い。わぁぁぁぁっ！　暗い。なんで暗闇。何の記憶？　頭を抱える。きゃぁぁぁっ！　震える。怖い。歯を食いしばる。歯を食いしばる。歯を食いしばる！　歯を食いしばる！！

ガッシャーン！！！

またすごい音。殴り合い？　覗き見る。包丁⁉　なんで？　アイロンを投げつけた？　誰？

やめてよ。またお巡りさんが来る。怖いよぉぉ。またお巡りさんが来るよ。家族が壊れる！　悲しいよぉ。家族は仲良くしなきゃダメだよ！
はぁぁぁあっ、はぁっ、はぁっ、はっっぁーーっ、はぁ、はっ。ちょっと待って。苦しい。あぁぁあっ、うぁぁぁあぁあぁぁぁっ！　はぁーっ！　はぁっ、はぁっ！　息ができない。私、死んじゃうかも。吐きそうなんだけど。真っ黒いヘドロみたいなのがお腹の底から上がってくる！　早く、蓋しなきゃ！　わぁぁっ！

「どうかしました？」

博士、ちょっと、はぁっ、これ、きっとあんたのせい。
「大丈夫ですか？」って、コラ、そこのクラーケン！　はぁっ、大丈夫に見えますか？　そうだ、私、パニック障害持ってたんだ。思い出した。パニック障害を持ってるんだよ。なんでこうなったかキッカケがあったと思うけど、はぁっ、はぁーっ、これも思い出せない。ちょっと待って、これって、はぁっ、私の心の地面に深くめり込んでいる、はぁっ、金属製の重い重いパンドラの箱？　これって開いちゃダメなんじゃないの？　きっと、なんだかとんでもないことが起こる。

「すいません」

はぁっ、はぁっ……。私はやっとのことで口にした。

「大丈夫ですか。無理しないでいいですよ」

博士は優しく包み込んでくれる。

今まで封印していたんだ、これ。奥深いところにある感情。はぁーっ、はぁっ。私、そこにアクセスしてしまった。動悸が止まらない。はぁっ。口から心臓出そう。右心房と左心室が喧嘩してる。マジ出そう。とにかく、場所を変えたい。外の空気が吸いたい。

「ちょっと、散歩してきてもいいですか？」

すると博士は穏やかな表情を見せた。そして、優しい声で背中を優しく押してくれた。

「もちろんです。落ち着いたらまた帰ってきてください」


博士の事務所を出た。

風が私の頬をなでた。自転車に乗った親子が追い抜いて行った。今のはなんだったんだ……。私は混乱していた。こういう時ってなぜだか、太陽が眩しい。パニック発作を発症したのってかなり久しぶり。

これって、私には無理なんじゃないだろうか。

これ以上続けると、またパニックになる自信があった。博士には悪いけど、切り上げて帰らせてもらおう。そんな考えが頭をもたげる。とにかく落ち着こう。

空を見上げた。動悸がおさまってきた。小さな小さな飛行機が、青空の真ん中を音も立てずに飛んでいる。飛行機って、なんであんなにゆっくり飛ぶんだろう？　飛行機雲が空を引き裂く。空の向こうには、何があるんだろう？

事務所に戻ると、隣の席の彼女が猛烈な勢いでいろいろと書き出していた。

博士は、顔のほとんどが優しさでできているような表情、どんな表情なのかうまく説明できないけど、とにかくそんな表情で私を見た。

「落ち着いた？」

ま……。

「私がついているから大丈夫だから」

信じてみようと思った。

ペンを持った。私は一人じゃない。それに、今を逃すと、きっとこのパンドラの箱はもう開けない。

「どんな出来事を思い出したのかな？」

私はまた、恐る恐る心の中を覗き込む。

パパとお兄ちゃんが毎日、殴り合いの喧嘩をしている。すごい音だよ。怒号が聞こえる。はぁっ、はっっぁあ……。怖いよ。テーブルが蹴り倒される音。んわっ！　危ないよ。お酒のボトルを叩きつける。破片が飛び散る。はぁーっ！　はぁっ、はぁっ！怪我するよ。もうやめて！　お酒臭いよ。お皿が粉々。血だよ！　誰の血！　怖い！　うぁぁああぁぁぁっ！

窓ガラスに椅子が突っ込む。すごい音だよ。聞きたくないよ。怖い。包丁？　はぁっ、はっっぁーーっ。危ないよ。どっちか死んじゃう。んんんっ！　怖い、怖い、怖い、怖いんだって！　全身が震えている。うぅっぅぅう。真っ暗。布団の中。怖い、怖い。お巡りさん。止めて！　身体が震える。寒い！

あっ、そうだ。私、歯医者に毎日通っていた理由を思い出した。歯医者さんが、こんなの初めてだって驚いてた。毎日毎日、家の中では布団の中で怖くて怖くて歯を食いしばって、何時間も何時間も、毎日毎日、歯を食いしばって生きていたんだよ。全部の歯にヒビが入ってた。すべて治すのに一年以上かかった。

裕福だったのに。どうして？　真逆の生活。パパはお酒ばかり。なんですぐに暴れるの？　はぁ、はっ。お兄ちゃんはどうしてタバコ吸ってるの？　ちょっと待って。やっぱ無理だ。クラーケン、もう無理。やっぱ、吐きそう。

「大丈夫だよ」

大丈夫って言われても……。

「この時、どう思ったの？」

どうって、逃げ出したかった。でも逃げ出す場所がなかった。私は、パパのご機嫌取ることしか考えてなかった。そういえばママはいつもいなかった。

「お母さんいなかったんだ」

そう。なぜだろう。パパが暴れるようになって、お兄ちゃんが非行に走ったんだ。ママは宗教にハマったんだ。夜は集会でいつもいなかった。現実逃避だよ。自分だけ逃げてズルいよ。家の中は地獄だったんだ。思い出したよ……。ずっと蓋してた。

やだ、涙が止まらない。はぁっ……。

どう思ったかなんて言葉にできない。

私はいつ家族が壊れるのか怖かったんだよ。バラバラになりたくなかった。一人ぼっちになりたくなかった。怖くて怖くて、一生懸命、パパやママやお兄ちゃんやお姉ちゃんの機嫌を取って、笑顔にしようと努力していた。

「そうだったんだね……」

高校生になったら、バイトを三つ掛け持ちしてた。私の青春はほぼバイト。理由わかる？

お金は全部、家の借金の返済に回してたんだよ。とにかく家にお金を入れるんだ。そうして親孝行するために生きていた。

はぁーーっ！　はぁっ！

やだ、なんだかまた嫌なことを思い出しそうなんだけど。あぁぁぁっ。家族会議だ。

わぁぁっ！　やっぱ怖いよ、クラーケン！

「ゆっくりでいいよ」

あぁぁ、だから、怖いんだって。……。

「どんな家族会議だったの？」

そうだ。確か、ママがお金がないって言うから、私が貸したんだよ。結構なお金だよ。高校を卒業して五年くらい経ってた。ママは身体が弱くてちゃんと働けないから、子供達から援助を受けてた。返してもらおうとか思ってないから、あげたようなものなんだけどね。家族のために青春を犠牲にして生きてきたんだから、いいんだよ。

でも、同じ時期に下のお兄ちゃんからも結構なお金を借りていたことが判明したんだ。宗教にハマった前科もあるしね。何に使ってるんだということになって一度話し合おうってみんなが集まった。

一番上のお兄ちゃんが尋ねたんだ。

「こんなにたくさんのお金、何に使ったの？」

するとママは黙った。そう、しばらく黙ってた。それから言ったんだ。「そんなにたくさんお金は使ってない」ってね。

それからね。あぁぁぁぁ……。涙が止まらない。んくっ。涙腺崩壊だ。博士、もう止めよう。つらいよ。おかしくなりそうだ。

「大丈夫。安心して思い出して」

あぁぁ……。それから、続けてね、「この子が嘘ついてる」って、え？　はぁっ、はーっ！

「貸してもないお金を貸したと言って、自分の無駄遣いを隠そうとしてる」って。えぇ？　はぁっ、あぁああっ。ぐくっ。見るとね……、ママはね……、私をね……、しっかり指さしてたの。

もぉぉぉっ！！　なんだよぉぉそれっ！

うわぁっ！　私はさ、子供の頃から、自分の人生をさ、家族のためにだよ、青春をだよ、犠牲にしてだよ、ゲロが出そう。子供の頃から家にお金入れてだよ、あぁぁぁぁっっ！　むぉぉおおっ！　いやだ！　ババァッ！　死ねっ！

本当に覚えてないんだけど、きっと私ママに飛び掛かってた。ケダモノみたいだったと思う。言葉にならない言葉を叫び続けていた。あぁぁ……。

気がつくと一番上のお兄ちゃんが私を抱きしめていた。

脳みそが飛び散ったみたいに破裂した思考。恐ろしいくらいに野太い、自分が呼吸する音。目と目の間が焼けるように熱い。涙が熱い。嗚咽。嗚咽。

兄が私の背中をポンポンと二度優しく叩いた。それが、「お前は嘘言ってない。俺はわかっている」、そう聞こえた。

「大変な想いをしたんだね」

そう、このことがキッカケで私はパニック発作を起こすようになったんだ。

顔色ばかりうかがう子供時代。家庭は安全じゃなかった。自分を表現するという概念すら持てなかった。家族のためにすべてを費やしてきたのに、ママは自分を守るためだけに、私を嘘つきにした。裏切られた。そう、裏切られたんだ。

傷跡は、真っ黒だ。どうやっても消せない。そんな思い。

私は新しい居場所を求めて、結婚に憧れるようになった。

「家を出たかったんだね」

そう、そして、自分を必要としてくれる人と出会い。結婚。それが今から三年前。

でもね。私は自己主張ができないんだよ。自分を犠牲にした上でないと人との関係性を持てないんだ。だから私を必要としてくれる人は、すなわち私の自己犠牲の上に立つ人。子供ができた瞬間から、夫婦関係はおかしくなった。だって、赤ちゃんがいるのに、自分のためだけに自己犠牲を強いられても無理でしょ。破局するまでたったの一年半だよ。そして別居。そのまま二年が経過して、今だよ。

アロマの仕事を続けながら、私、子供と必死で暮らしてる。いつパパのDVが発動するかわからないから実家には帰れない。博士、隠してたんだけど、私、実は、生活保護を受けてるんだ……。人生なんとかしたくて、今、ここにいるんだ。

開いたパンドラの箱から、猛烈な勢いで様々な想いと言葉が溢れ出した。

そして、私はなんだか抜け殻のようになった。

「他者に貢献することが当たり前の人生だったんだね」

博士はそう言って、天を仰いだ。

そう、私は、自分で自分の心に蓋をして生きてきた。ずっと一番大切な、自分の心を見て見ないふりをして、放置して生きてきた。

「今、自分の心に目を向けてみて」

博士は言った。

私は、すべての蓋が外れた心の底を覗き込んだ。思ったより深い。生まれて初めての経験だ。風はない。嵐の後のように静か。ところどころにヒビがある。少し殺伐としている。奥底に箱が転がっている。パンドラの箱？　蓋が開いたまま。

私は、恐る恐る中を覗き込んだ。

すべてが出尽くして空っぽに思えた箱の中から、一つの言葉が飛び出した。

「助けて……」

えっ！？　助けて？　確かにそう聞こえた。

そうだ、私の心はずっとずっと見つけて欲しくて、助けて欲しかったんだ。

「助けて・・・」

私がつぶやくと、博士は言った。

「見つかりましたね。コアの言葉」

隣の彼女から拍手が起こった。

「何かに向かって真っ直ぐに生きていたい。だからこその『助けて』なのかもしれません。人生を諦めていない人の言葉ですね」

私の目から涙が溢れた。

「それでは、自分軸を構築していきましょう」

こんなにも、自分の心を解放したことはなかった。そして、コアの言葉から人生を構築するコーチングなんて、聞いたことすらなかった。

自分を解放し、人生の背景から見つけ出したコア。これって、私の魂の中心。無意識の奥。そこから溢れ出すエネルギーが枯れることはない。そんな私のど真ん中から構築するビジネスコンテンツが、力強く機能しないはずはなかった。

X=Y の章 4

僕のコアの想い

僕と博士とのセッションが始まった。博士は時折、目をクリッと見開いたり、口角をギュッと上げたり、顔を大袈裟に動かたりしながら僕から様々なことを引き出していく。しかしこの人、顔がすっごく動く。まるで顔芸人だ。

博士に乗せられて、僕は少しずつ裸になっていく……。いや、そういう意味ではなくね。野球拳じゃないんだから。僕ってこんな人間なんだって、僕の知らない僕が、姿を現してくるんだ。

博士が〝こころの旅ワーク〟と呼んでいるワークがあるんだけど、これが子供の頃のＶＯＩＤ（欠落感）を知るのに有効なんだって。確かにＶＯＩＤが、才能の種を芽吹かせる要素……、わかるような気がする。誰だって欲しくても手に入れられないものって、手に入れたいって思うもんね。でも僕自身、親にはとくに不自由なく育ててもらった。家は特別に豊かでも貧しくもなかったと思う。お金に苦労したこともなかったし、きっとあくまで普通。強烈な体験といわれても何も思い浮かばない。僕の生い立ちはあくまで普通。あくまで普通の僕の中に、博士が言うような僕を突き動かすコアなんて存在するんだろうか。自分自身の幼少期のＶＯＩＤってなんだろう。僕の中で育っている才能って、どうやって芽吹いたんだろう。

う〜ん、強いて言えば、勉強だけは、厳しくさせられたかもしれない。

そうそう、思い出した。父親は高卒の地方公務員で、大学に行きたかったけれど家庭の都合で行けなかったって、よくこぼしてたよ。だからお前には好きなだけ勉強させてやるってね。ホント迷惑だよね〜。

あ、なんだかいろいろと思い出してきた。

そう、父親の職場は家から近かったんだ。地方公務員だからね。だから、毎日夕方の五時半には帰宅していたっけ。晩ご飯を食べたら、父親と二人で夜の九時まで勉強タイム。毎日「なんでできないんだ」って殴られてたよ。思えば、かなりスパルタだった。今の時代じゃあり得ないけどね。おかげで、小学校の低学年で方程式とかは卒業したんだ。ありがたいと思うべきなんだろうけど……。でも正直言うと、僕は子供の頃、父親が職場から帰って来るのがイヤでしょうがなかった。

小学一年生の夏休みの読書感想文、思い出したよ。課題図書は「モチモチの木」。今でも覚えてる。学校で表彰されたんだけど、嬉しくもなんともなかった。

原稿用紙を前に何も書けないでいる僕に、「ここでどう思った？」「何も思わないわけないだろ」「それを早く書け！」「何やってる！」って怒鳴りまくられて、幼い僕は思考停止。その後、何も書かない僕に、父親は激昂したんだ。思いっきり平手打ちされて鼻血が出た。原稿用紙に落ちる鮮血。ポタッという生々しい重量感。血を見て興奮する父親。いやちょっと待って、いやなこと思い出してしまった。

話題を変えよう。こんなこと思い出さなくていいんだよ。

小学四年生からは毎日進学塾。塾には好きな子がいたし、それはそれで楽しかったけどね。でも学校でガリ勉くんとか呼ばれるのはイヤだったな。家ではテストが返ってくるたびに、間違えた部分を指摘されて説教。僕はずっと正座だ。指摘するところがなくなると、「名前の字が汚い」「受験本番だったらこれで減点されるぞ」と説教。もう無茶苦茶だよね。極め付けは、そうそう、六年生の夏だ。塾のテストで初めて一番になった日。

あの日、夜遅く塾から家に帰ると、父親はそれまで見ていたテレビの電源をいきなりオフにした。あ、これもいつもの光景ね。そして声をかけてくる。

「今日はテスト返って来てないのか？」

いつテストが返って来るかには、なぜかめちゃくちゃ詳しいんだ。僕は「あるよ」と答えてから、少し誇らしげに一位の試験結果を差し出したんだ。父親は、サッと目を通してから言った。

「一位か」

「そう。初めて一番を獲れたよ」

僕は少しだけ胸を張った。その瞬間、カミナリが落ちた。

「それがダメなんだ！」

突然大声で怒鳴られて僕は驚いた。

「たまたま一位をとって安心しているから、いざというときにミスが出るんだ」

怒濤のような説教が始まった。明らかに理不尽だよね。でもこれはいつものこと。何がダメだかよくわからなくても、僕は「はい」「わかった」と機嫌を損ねないように相づちを繰り返すんだ。機嫌を損ねてしまうと暴力を振るわれてしまう。少し説教がおさまったタイミングで逃げるように部屋に戻る。それから少し長めにシャワーを浴びる。風呂から出るといつもみんな寝静まって、家の中は真っ暗だ。

僕は鼻歌を歌いながら歯を磨く。鼻歌？　そう、父親に説教されて気分が落ち込んでいるのかというとそうでもない。いつもこんな感じなのだ。

「父親の説教が始まると、自分に蓋をして二〜三分だけ我慢すればいい」

僕はそう思っていた。二〜三分たってまだ終わっていなければまた次の二〜三分、そしてまた次の二～三分と我慢を続けているうちに必ず嵐は過ぎ去るのだ。どうしてもつらければ、殴られている自分を空中から眺めていればいい。それだけで気分はグッと軽くなる。これは僕が子供の頃に開発した技だ。

あれ、なんだか気持ちが揺れてきた。胸騒ぎがするぞ。こんなこと思い出すなんて思ってもいなかった。心臓がいつもより大きくなって、鼓動が苦しいって感じ。これって忘れようと思っていた記憶？　何十年も思い出したこともなかったってことは、僕の奥底で蓋されていた記憶？　え、なんだかザワザワする。いつもの胸の中の黒いワサワサとは違う何かが、さっきから動き出している。

「お説教されている時はどう思っていたの？」

博士の質問に言葉が出ない。そんなのつらかったに決まってる。でも言い返そうとか、反抗しようなんて選択肢は微塵もない。そう、たとえて言えば、僕はサンドバッグなんだ。心も身体もサンドバッグ。父親の前に吊るされて揺れている。ただ打たれるのを待っている。

そうだよ。おかげでね、きっとね、僕はね、乾いてしまったんだよ。水を飲んでも飲んでも喉の渇きが癒えないような……。大人になった今でも、どれだけ頑張っても頑張っても頑張り足りないと思える自分がいる。百点とっても、一番になってもまだまだ全然ダメだと思ってしまう。サンドバッグだから、どうせ怒られるし、どうせ殴られるんだ。ありゃ、なんだか泣けて来たぞ。

「一番ってすごいのにね」

博士は優しくうなずいている。

その言葉、父親に言われたかった……。僕は鼻をすする。

「で、その時って、どんな気持ちだったのかな?」

だから、そんなこと聞かれてもわからないんだって。ハァー、言うならば、つらい気持ちがいっぱい積み重なって大きな塊になっている感じ。

「その時の自分に尋ねてみて……」

無茶苦茶言わないで欲しい。過去の自分に尋ねるって、どうやって尋ねればいいんだ。博士何言ってるの? ハァー、そもそも父親だって僕の将来を心配してのことなんだよ。自分が高卒できっと苦労したんだよ。僕をいい大学に行かせようと、将来、楽な思いをさせようと勉強を課していたんだ。でもさ、毎日殴られるのが当たり前ってどうだ。ハァー、父親が望むようになることが僕の使命だったんだ。だから頑張って勉強していたんだ。近所のお祭り、毎年行きたくて仕方がなかった。夜店でりんご飴とか食べたかった。でも、夜は勉強の時間。僕はいつも参加できない。僕は頑張っても頑張っても全然ダメな人間だから、勉強の時間を減らすわけにはいかなかった。父親が遊びに行っていいという許可を出してくれないと、僕は遊びに行けない。


キーンという音がする。

僕と博士の間に静寂が流れている。

ハァー、ハァーという僕の息遣いが聞こえる。博士、何か言ってよ。静寂が怖いんですけど。

ハァー、ハァー。ハァー、ハァー。

博士は黙って、僕が何か言うのを待っている。

ハァー、ハァー。僕はどうすればいいんだ。ハァー、ハァー。

僕は何を言えばいいんだ。ハァー、ハァー、ハァー。

この時、僕の口が勝手に動いた。

「僕を……」

僕の中の小さな僕が、何かをつぶやこうとしている。

「僕を……」

僕は、自分が何を口にするのかわからない。

「僕を……」

博士が、僕を見つめている。

「……………認めて欲しい」

ダムが決壊した瞬間だった。

「コアが出ましたね」

博士はウンウンとうなずいていから、優しい表情で天井を見上げた。

僕は涙が止まらなかった。

時間の流れ

コアが出た後って、みんなこんな感じなんだろうか。僕、大人の男なんですけど。こんな感じで泣くことってある？　声の大小ではなく、魂の底にいたドラゴンか何かが、口からドォォーッて出て、天に昇った感じ。

灰になった僕を前に、博士は「時間について話をしないとね」なんて言ってる。時間がどうとか、僕は今、茫然自失、真っ白い灰、つまり燃え尽きたボクサー。かろうじて人間の形を保っている状態なんですけど。

「時間は、どっちからどっちに向かって流れていると思う？」

こらこら、クラーケン。何、気にせず話を続けてるんだ。力をちょっと加えるだけで、僕はパサーって砂のように崩れてしまいそうなのに、なんたるややこしい質問。

「考えてる？」

考えてませんよ。でも何この圧力。面と向かって質問されて、ジッと見つめられたら考えるしかない。どっちからどっちって、右から左とかじゃないよね。時間なんだから、過去、現在、未来ってことかな。そうだとしたら、そりゃ過去から未来に向かって流れてるもんでしょ。そう答えると、博士はう〜んとひと唸り、そしてう〜んともうひと唸りしてから「みんなそう答えるんだよねぇ」なんてボヤいている。

博士は何をボヤいているんだろう。だって、過去に戻ることはできないんだから、時間は過去から未来に向かって進んでいくに決まってる。

博士は「思考実験をするね」と言いながら話し始めた。

◆◆◆　◆◆◆　◆◆◆　◆◆◆　◆◆◆

【思考実験】

私たちが今生きているこの世界は、知覚できるレベルで話をすれば、縦横高さの三次元に時間軸を加えた四次元だよね。縦横高さはどこにでも移動できるけれど、時間軸だけは移動できない。時間の流れの中で私たちは動くことができない。ここまで大丈夫かな？

――大丈夫です。

今、川のように流れる時間の流れの中にいるとイメージしてみて。どこから流れて来るのかわからないけど、確かに流れているけれど動くことはできない。いいよね。

イメージできたら、川からゆっくり外に出て、川の流れを俯瞰するんだ。川は流れている。時間の流れの外にいると、時間の流れは見渡せる。過去も未来も見えるよね。

――まぁ。

それじゃあ、またゆっくりと川の中に戻って。もう動けないね。

五秒経つと五秒後の未来が目の前に現れる。三〇分経つと三〇分後の未来が目の前に現れる。一年経つと一年後の未来が目の前に現れる。

どう？

――え？

時間はどこからどこへと流れている？

◆◆◆　◆◆◆　◆◆◆　◆◆◆　◆◆◆

開いた口がふさがらなかった。確かに。時間は、未来から過去に向かって流れている。博士は言う。

「時間が過去から未来へと流れていると思っていると、未来の決断は未来にすればいいと思ってしまうんだよ」

博士の言葉に僕は耳を傾ける。

「今この瞬間、一年後に一億円の貯金がある自分も、ほとんど貯金のない自分も存在している。今の会社でくすぶっている自分も、新しい会社でイキイキとしている自分も存在しているってわかってる?」

色んな未来が存在している? 未来は一つじゃないのか? 僕がイマイチよくわからないという表情をして見せると、博士は教えてくれた。

「碁盤のマスを想像してみて。今いるマスから、隣のマスに移動するのに一分かかるとしよう。今この瞬間、一分後に隣のマスにいる自分も、二分後にそのまた隣のマスにいる自分も、三分後にそのまた隣のマスにいる自分も存在している」

碁盤を思い浮かべながら、僕はうなずく。

「でも、今のマスに一分間ジッとしていたらどうなる?」

あ……。

「二分後に二つ隣のマスにいる自分も、三分後に三つ隣のマスにいる自分も存在しなくなってしまう」

確かにそうだ。

「確かに存在した未来が、消えてしまう。つまり、三分後に三つ隣のマスにいるという決断は、三分後ではなく、今しないとダメなんだよ」

僕は首がもげ落ちるんじゃないかと思うくらい、大きくうなずいた。

「すべての未来は今存在している。今どんな行動をするかによって、未来はどんどん狭まっていく。そして最終的に一つに絞られる。絞られた未来が流れてきて、目の前に厳然と現れる。私たちは受け取りを拒否することはできない。それを現実として受け入れるしかないんだ」

たとえてみると、時間の川の上流（未来）にはいろんなボールが浮かんでいる。でも、どのボールが流れてくるかは今の自分次第ってことか。

「自己実現って、よく聞く言葉だけど説明できる？」

え？　また唐突に難しい質問だ。自己実現？　自分がやりたいと思うことをやること？　ん、なんだかちょっと違う気がする。博士は当たり前のように口にする。

「自分が上流に向かって投げたボールを、自分でキャッチすることだよ」

あっ……。

人は誰しも、知らず知らずに小さなボールを少し先に投げてキャッチしたり、大きなボールを意識して遠くに投げてキャッチできなかったり、そんなことを繰り返している。僕の中で自己実現という言葉のイメージが絵になった。

「だから、明日のお昼カレーを食べると決めて、実際に食べるのも立派な自己実現」

おぉぉ……。

「しんどい時には、計画通りのランチを食べて、俺ってやれるじゃん、と自分を褒めてあげるんだ。それだけで気分は少し楽になる」

そう言ってから博士は僕の目を見た。そして締め括るかのようにこう言った。

「だから大切なことは、今、どう行動するかだ」

X＝Xの章

4

自分軸構築　～私編～

「それでは、自分軸を構築していきましょう」

私の心の奥底には、空っぽになったパンドラの箱が転がっている。

博士の言葉を聞きながら、私の中では自分の心の声がまだこだましている。

「助けて……」

確かに私はそう言っていた。私は助けて欲しかったんだ。初めて気づいた。それなのに、どうして蓋してたんだろう？　助けて欲しかったくせに、どうしてそんな大切な気持ちを封印してたんだろう？　自己犠牲に気づかないまま、他者に貢献し続けることで自分を苦しめていた。

博士のコーチングで、私は初めて自分の心に目を向けることができた。さっき聞こえた自分の声を、私はきっと一生忘れないと思う。

博士は私の才能の種が描かれたシートを指差して、話し始めた。

「ほらこの図を見て。この図を私たちのコーチングでは宿命図って呼んでるんだ」

宿命図……。私はリピートする。決して変えることができない、持って生まれたものだから、宿命図。きっとそうだ。

「ほら、真ん中と上に二つ持っている、可愛い木のイラスト。これはストレートっていうんだ。二つ持っているから大きく影響を受けている」

私このほっぺが赤い木、なんだか自分みたいで好きだったんだ。

「簡単にいうと、これを持っている人は、なんでも自分でやるという生き方。甘えないし、自分でいろんなことを抱え込んでしまいがちになる」

そうなんだ。確かになんとなく私とかぶる。

「人からいろいろ言われても言い返さない。逆らわないけれど、自分の行動を変えない頑固なところがある。苦難に耐え、一度信用したらずっと信用するし、保守的で学ぶのもじっくりスタイルだね。一つのことを突き詰めて考えるから、広く浅くは苦手」

う～ん、私、確かに一度これと決めたことは突き詰めたいと思うタイプかも。アロマだって、そうやってじっくり勉強してるし、あまりあっちこっちに手をだすことはしない。

「一方で発想の転換は苦手で、自分自身の納得を大切にして、自分の思いを持ち続けていたい人だね。起業家・事業家・ビジネスマンに多いタイプだ」

起業家に向いてるなんて、私は思ったこともなかった。なんとなく、へぇ～と思っている私

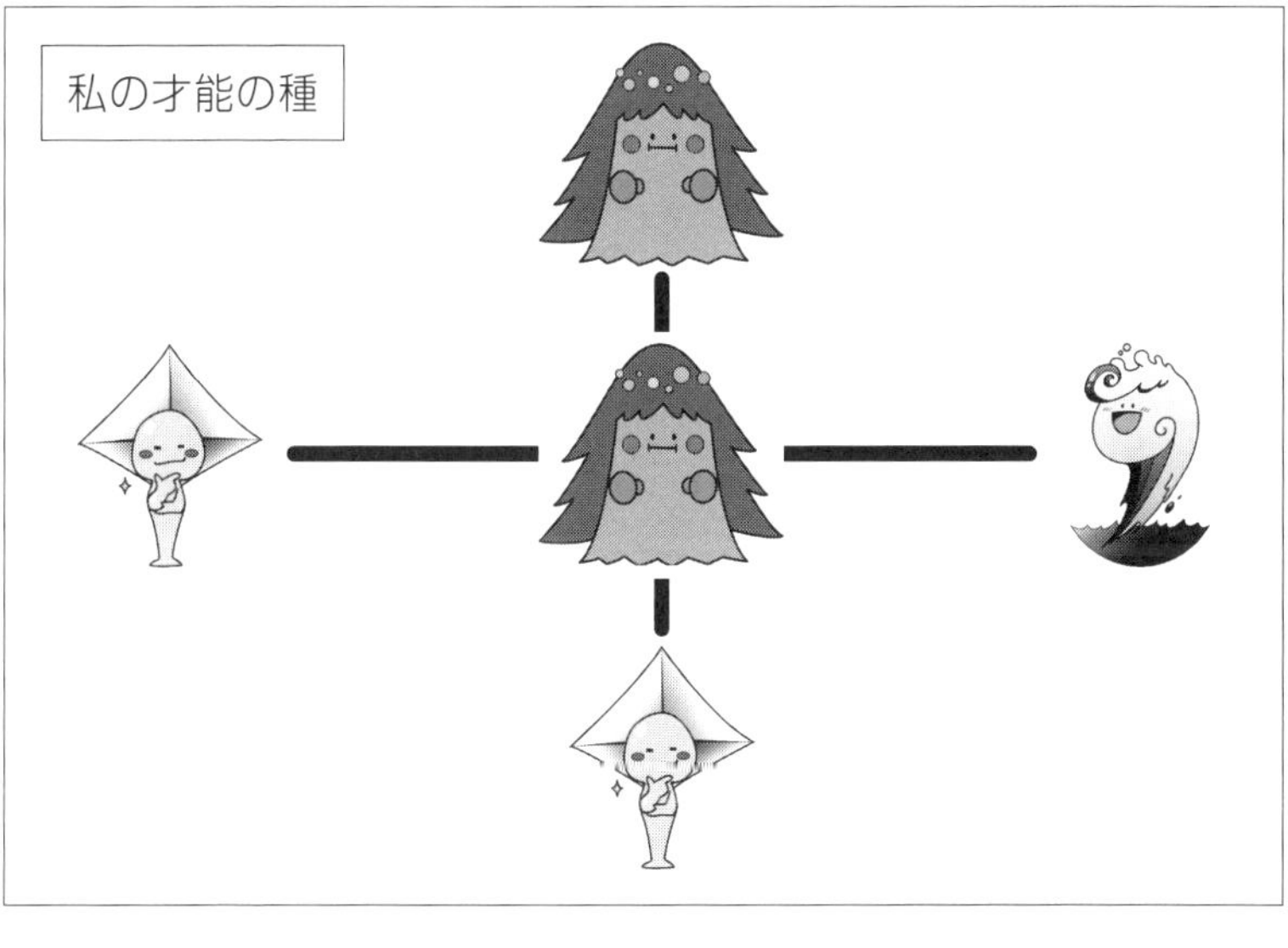

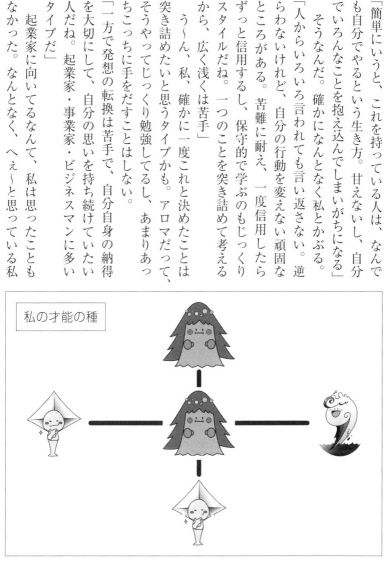

を博士はじっと見つめている。ん？

私を見つめたまま、博士はゆっくりと口にする。

「さっきのコアの言葉〝助けて〟……」

え？

「これって、……」

何？

「この木が言わせてると思わない？」

えっ？

子供の頃から今に至るまで、本当は助けて欲しかった。でも、自分がなんとかしなきゃって、パパの機嫌を取ることしか考えてなかった。私が我慢して青春を捨てて、自分のためじゃなく、家族のためにバイトだけをしていた学生時代。今もいろんなことを抱え込んで、にっちもさっちも行かない状態になっている。

確かにそうかもしれない……。

私はつぶやいた。博士は続ける。

「コアの言葉を見つけて、自分を知るんだ。それからまた宿命図をもう一度、よく考えながら見る。その時、過去の自分の行動や、傾向が、この図のどれかのキャラの影響を受けていると腑に落ちるかどうかが問題なんだ」

そうだった。腑に落ちたら、そうなんだから仕方がない。そうだったよね、博士。

「そこから、まだ芽が出ていなかったり、活かせていなかったりする才能の種を活かして充実体験を回してく。そうしてリストラクチャーしていくんだよ」

私が持って生まれた可能性が、今、目の前に可愛いイラストの姿をして穏やかに存在している。この子たちが、私を私たらしめてきたんだ。そう思うとなんだか妙にというより、異様なくらい愛情が湧く。私の才能や適職って？　価値観は？　私の宿命図が持つ意味って？　イラストの意味をもう一度ひも解きながら、私は博士と一緒に時間をかけて、ゆっくり、ゆっくりと考える。博士はこれを【運命学ワーク】と呼んでいた。変わることのない持って生まれた宿命と、努力と環境次第でいくらでも変化する運命。導いてきた過去の運命を理解し、これから手繰り寄せる未来の運命に思いを馳せる。

思えば、私には生まれてからずっと居場所がなかった。自分を押し殺して、無視し続けていた。本当の私が今、初めて光を浴びている。

人間のミッションは世の中のためになること。誰かの役に立つこと。コアに基づいて生きてきた私は、誰をどう幸せにしていくんだろう。それが、宿命や運命の先にある〝使命〟。私は考える。考える。息をするのも忘れて考える。

本当の自分はどこ？　いつの間に？　子どもの頃の出来事。我慢。環境。人それぞれ。みんなそう。結婚。押し殺す。無視する。子育て。自分らしく。心。蓋をする。お母さんたち。自由がなくなる。輝きたい。つらい。みんなそう。いいの？　我慢？　当たり前？　何ができる？

『日本のお母さんたちが、本当の自分に戻れる場所をつくる』

私はつぶやくように口にした。

モヤっと形のなかったものが形になった。そんな感じがした。なんだかめっちゃクリア。目の前に突然、金閣が現れたような感じ。でも、これが答え？　私、自分軸にたどり着いたの？

博士は、「きっと間違いない」、そう言いながらうなずいている。

そうなんだ。私的には、自分軸って、もっとこう、見つけた！　手に入れた！　そんな感じの何かだと思っていた。そうじゃなくて、普通に私の中にあった感じ。言葉になったとたん、存在感たっぷりで目の前に現れた。心の中の砂嵐がおさまって視界が開けた感じ。すごいよ。

中学生の頃、ずっと気になる男の子がいたんだ。ある日ふと、「もしかして私、彼のことが好きなの？」って口にしてみたんだ。その瞬間、絶対そうに違いないって、初めて自分の気持ちに気づいた、あの時の納得感に近い。

そりゃそうだよね。コアも自分軸も、自分の中にずっと当たり前に存在していたものだもんね。やっぱ、当たり前を大事にしないとダメだね。誰だって、できないことはできない。自分ができることをできるようにやるしかないんだ。それなのに何かすごいことがあるはずだって、探し続けて見つからない。そして、できることをやらずに進めない。愚かだよ。答えはいつも、当たり前の中にあるんだ。

私は、『日本のお母さんたちが、本当の自分に戻れる場所をつくる』。そのために、自分ができることをできるように、自分らしく頑張っていこうと思う。やると決めることより、やめないって決めることの方が、絶対大事だと私は思っている。トラブルや問題が起きても、絶対にやめないと自分に約束する。自分らしく充実体験を回し続けていくんだ。そう誓った。

「じゃ、具体的にどう実現していくか考えよう！」

博士は明るくそう言った。「助けて」ってコアの言葉から生まれた、私が本当にやりたいこと。それは、実際に動かないと何も実現しない。博士からは、どんどんと質問が投げかけられる。

「まずはビジョンを描こう！」

「理想の状態って何？」

「理想が実現した時には、どんな気持ちになっている？」

私は丁寧に考えて、丁寧に言葉にしていく。

自分軸をどうやって具現化していくか、これ絶対大事。私は気合い入れて考える。博士は私が言うことを批判したり評価したりしない。もちろん否定もしない。良いも悪いもないいんだと思う。だからアドバイスもない。プラス受信っていうのかな。真正面で受け止めながら、私の中でウニョウニョと回っていて、言葉になっていない何かを、少しずつ少しずつ外に引っ張り出して形にしてくれる。私を信じて、応援してくれている。そう思えた。だからだろう。博士の質問に答えているだけで、私の中にホカホカしたものが湧き上がる。これって何？ 勇気？

そう勇気だ。博士、勇気って人生の湯たんぽみたいだね。

それに時々、「そういえばこんな人がいたね」なんて教えてくれるの、助かる。やるね、博士。誰かが通った道って通りやすいもんね。こうやって引き出していくことを、博士のコーチングでは【メンタリングサポート】って呼ぶらしい。

私の中で、進む方向が具体的に見えてきた。

『日本のお母さんたちが、本当の自分に戻れる場所をつくる』

私の中にずっとあったポノポノハウスって、きっとその一つだったんだ。要するにずっと自分の中にあったんだ。それを実現するためには、まず一歩を踏み出さなければ。私は決意した。

『レンタルサロンで、個人事業をスタートする』

そう私が紙に書き出すと、博士はニコニコ笑いながら教えてくれた。

「宣言するのではなく、自分と約束するんだよ。自分との約束を守ることの繰り返しで自信が生まれる。それが大事なんだ」

なるほど。そして続けて考える。でも、個人事業をスタートするなら、それに充てる時間が必要になる。

『ただ単に、生活するためだけの仕事はやめる』

博士は「へぇ～」と、人ごとみたいに口にしている。

これは苦しい決断だけど、惰性で続けてきたこともしっかり見直さないとね。

私の中でどんどんと自分との約束が言葉になる。博士は優しい表情で、うまい具合に合いの手を入れてくれる。私は乗せられて、どんどんと書き出していく。

隣の彼女は自分の作業の手を止めて、「すごい勢いね」なんて感心している。

『レンタルサロンで講座をやる』

『フェスに参加する』

『学校でアロマを教える』

ここまで書き出して、ふと私の手は止まる。

どうしたんだろう？　そう思ったけれど理由はすぐにわかった。だって、私の人生は仕事だけじゃないんだ。プライベートもどうしていくか、決断して進まなければならない。わかっているよ。逃げてばかりはいられない。わかっているって。

私はグッと考える。どうすべきか。どうすべきかって？　だから、私、いや、何言ってるんだ。考える必要ある？　大事な決断。そりゃそう。わかっていた。本気？　動けていなかった。動いていなかったって。いや、だから。わかってる。でもね。現状維持。楽。楽？　ん？　もういいよ。わかってるって。ちょっと！　大変な決断。わかっていたんだって。依存？　自立？　人生、変える。んん。そうだよ。だから。私、わかっていた。だから。でも。複雑。絡み合う。動かすこと。だけど。すべき。わかってる。でも。決断。ちょっと待って。いや、決断。決断。決断！　・・・・・。

そして、私は、書き出すのではなく口にした。

「離婚します」

正式に離婚して、自らシングルマザーになることを決意した瞬間だった。古くなった漆喰のように、何かがボロボロと剥がれ落ちた。その瞬間、涙がこぼれた。隣の彼女は私をじっと見ている。博士のおかげで、ホント、今日はよく泣く日だ。

それから数時間をかけて、私はまとめあげた。今日から自分がどう動くか、何をするか、どこを目指すかを言葉にし尽くした。まとめてみると、どうしてこんなシンプルな一つひとつが、どれもこれも一歩も進んでいなかったのか不思議だ。そんなこんなが言葉になるなんて、博士のコーチングは本当に不思議。

もしかしたら、明日からは茨の道が待っているのかもしれない。進んでみないとわからないことはわからない。だから何もかもこの通りになるとは限らない。苦しいことも、失敗することもきっとあると思う。でも、私の心の底のパンドラの箱に閉じ込めていた「助けて……」。最後に出てきたこの言葉から作り上げた進むべき道。何が起きても後悔しない自信があった。娘はきっとわかってくれる。

外はもう真っ暗になっていた。私は隣の彼女と連絡先の交換をした。手を握り合うと、思った以上に女性らしくて柔らかい手だった。優しくギュッと握るその動作が、「頑張ってね」と言ってくれているように思えた。私も優しく握り返した。もちろん、「お互いガンバローー！」そんな想いを込めて。

博士と握手は交わさなかった。だって、博士には手が八本。そんなことないか。まぁ、とにかく手を握り合うのも微妙だったので、敬礼を交わした。博士は言った。

「敬礼もいいんですけど、敬礼だと、手をどこに当てればいいか、微妙な位置がわからないんですよねぇ～」

「……」

「ここ笑うところですからね」

X＝Y

の章

5

自分軸構築　～僕編～

「今、どう行動するか」

僕の中で、何度も何度も、さっきの博士の言葉が繰り返されている。振り返ってみれば、自分で決めて自分で人生の舵を切ったことなんてほとんどなかったと思う。いや、思う、じゃなくて、なかった。断言。親に言われる通り、なんとなく勉強して、なんとなく進学した。進む道を自分で決めたこと、あったかな？　う～ん、土木科を選んだのは確かに自分だけど、土木科を目指して土木科に進んだわけじゃない。なんとなく勉強を続けて、なんとなく入れそうなところを選んだだけだ。まぁ、簡単に言うと成り行きってやつね。コンクリート研だって成り行きだし、今の会社はそんな成り行きの終着駅だ。あ、唯一、高校の部活だけは自分で選んだって言えるかな。「部活なんかしてる間があったら勉強しろ」と悪態をつく父親を無視して野球部に入ったんだ。野球が好きだったからね。野球がしたかった。高校生になったんだから父親の言うことばかり聞かなくていいだろって、ちょっと反抗心もあった。チームは全然弱かったけど、楽しかった。最後の大会は、一回戦でコールド負け。水道の蛇口のように涙が出た。あっさり負けたけど、あの時は充実してた。

ここまで思い出して、僕はハッと気づいた。

あっ！　父親に反対されたけれど、自分で決断して動いた。先輩に教わりながら工夫して、とにかく続けたし頑張った。野球が楽しくて仕方なくて、練習の後、みんなでワイワイ駄菓子屋に溜まったりした。最後負けちゃったけど、大切な仲間ができたし、一生心に残る経験ができた。これって、まさに充実体験。これって僕の人生最大の充実体験だ。それなのに、あの時はなぜ思い出さなかったんだろう？ そうか、一回戦で負けたからだ。しかもコールド負け。良い結果じゃなかったから、僕の記憶のフィルターに引っ掛からなかったんだ。今さらだけど、充実体験って、良い結果が出た経験じゃなくて、こう、なんて言うか、悲しくても嬉しくても腹がたっても悔しくても、人生が充実した経験なんだね、博士。

そう伝えると博士は、黙って二度うなずいた。

教育熱心だった両親からの影響なんだろう。僕の人生のほとんどは、自分の軸で生きてこなかった。親の軸、つまり他人軸で生きてきた。自分の軸で生きるってこういうことか。充実体験ってこんなふうに回るんだ。僕の心の中で、ジグソーパズルのピースがはまっていく感じ。パチッと、心地良い音がする。

「自分軸と他人軸の違いは、簡単に言うと、自分で選んでいるか、自分で決めているか、それができているかどうか。つまり、選択や決断の主語が〝I〟になっているかどうかだ」

なるほど。僕は考える。じゃ、他人軸はどうなんだろう。主語になるのは、〝親〟〝他人〟〝上司〟〝お金〟〝世間〟〝人の目〟・・・なんだかいっぱいあり過ぎて恐ろしいんだけど。

「自分軸で生きると、自分がやりたいことだから〝・・・したい！〟ってどんどん突き動かされる。逆に他人軸だと〝・・・しなければならない〟という姿勢になる」

この差は確かに大きいと思った。大きくうなずく僕に、博士は「まとめてあるから」と言いながらホワイトボードを裏返した。

裏返されたホワイトボードには自分軸と他人軸の違いがまとめられていた。

【姿勢】
・自分軸：・・・したい！
・他人軸：・・・しなければならない
【人の目】
・自分軸：自分がどうしたいか。問題は自分の心地よさ
・他人軸：人目が気になる。問題は世間からどう思われるか
【人の気持ち】
・自分軸：自分にはどうもできない。相手の問題
・他人軸：嫌われたくない。どう思われてるんだろう
【正解不正解】
・自分軸：自分にとっての正解は何？　比べるのは過去の自分
・他人軸：世間から見て、他人から見ての正解は
【比較】
・自分軸：人と比べてもしょうがない。比べるのは過去の自分
・他人軸：自分はダメだ。あの人はもっとできるのに

◆◆◆　◆◆◆　◆◆◆　◆◆◆　◆◆◆

他人軸の主語を父親にするだけで、子供の頃の僕にぴったり当てはまる。そしてそれは、自

分では言いたくないことだけれど、大人になった今でも主語を様々に変化させながら続いている。あ〜、なんてこった。僕の中の僕は、頭を抱える。

「自分とは、〝自〟らに与えられた〝分〟なんだよ」

博士は突然そう言った。

「神様だか天だか仏様だか自然だか、それは人それぞれ。そんな大いなる存在のすべての中の一部として〝自らに与えられた分〟、それが〝自分〟」

なんだか難しい言い方で、よくわからない。でも、僕なりに理解すれば、きっと、ロールプレイングゲームで最初に与えられているスペックみたいなものなんだと思う。レベルマックスの無敵の剣、天下無双の呪文、そんなこんなを何もかも最初からすべて与えられていたら面白くもなんともない。武器の種、呪文の種といった限られた種を持って僕たちは生まれてくる。しかも最初はどれもレベル1。そして失敗したり成功したりしながら、成長させていく。使えない武器も、持っていることに気づいていない武器もある。

時には、自分にはない鋼鉄の鎧を持った人を仲間にして前面に立って守ってもらったり、商人や、時には遊び人や賢者を仲間にしたりしながら充実体験を回していく。そして、みんなの力を合わせて大魔王をやっつける！ それが使命。

だから、自分が勇者である必要はどこにもない。誰もが、主役は自分で、周囲は自分の人生の脇役だと思っている。だからうまくいかない。すべての人が主役。主役として、最高のパーティの一員として、自らスパイラルを回していく。それが正しく生きるってこと。同じ物語でも、誰かの物語では僧侶が主役で、また別の誰かの物語では遊び人が主役なんだ。きっとどれも絶対面白い！

博士は言う。

「自信を持つということは、自分を信じること。自らのもとになっている大いなる存在の一部を信じること」

そうか。自分を信じるということは、神様だか天だか仏様だか自然だかわからない偉大なものを信じるってことだ。

今の僕には、僕の中の僕の本質のうめき声がクリアに聞こえる。

「僕を、認めて欲しい」

飢えたオオカミのように、僕の底にそれは潜んでいる。

自分を認めてもらいたいと思うことが、僕にとって、尽きることないエネルギーの源泉になる。そのエネルギーが、奥深くから僕を突き動かす。

博士、僕は人に何かを伝えることが得意だって言ってたよね。でも、小学一年生の夏休みの宿題で作文の賞を取った時は嬉しくもなんともなかった。そうか、それは自分軸ではなかったからだ。親に強制されて書いた作文が受賞しても嬉しいハズがない。その後、作文で表彰されたことはあるけど、どれも嬉しくはなかった。なぜだろう？　イヤイヤ取り組む宿題は自分軸じゃないってことか。自分軸で生きる、そのプロセスに宿題を組み入れたらきっと楽しくなる。そうか！　仕事も同じじか。なんてシンプルなんだろう。そんな簡単なことだったんだ。

でも、何かを変えるって不安だ。それも大きく変えるとなるととてつもなく不安だ。人は現状維持が心地良いって、会社の研修で聞いたことがある。そりゃそうだよね。だって、今まで通りなら、たいていのことは予測がつくんだから。でも何かを大きく変えてしまうと、どんな結果が待ち構えているかわからないんだ。絶対に良くなるって誰かに言われても、絶対に不安。

博士は言う。

「動かないと、変わらない」

そりゃそうだ。そんなことはわかっている。でも僕は、何もかも他人軸で、成り行きで生きてきたんだ。何のために仕事をするのか、もっと言えば、なぜ生きているのかもわからない。

「答えを探す必要なんてどこにもないんだよ」

博士は優しくそう言った。え？　どういうこと？

「人は生きるために生きているんだ」

何？　そのシンプルなのに力強い答え。会津藩の掟だっけ？　『ならぬことはならぬものです』って聞いた時くらい、腑に落ちるんだけど。生きるために生きる。僕は心の中で繰り返す。そうか、生きればいいんだ。そのために正しく行うことなら、それがセメントを売りだって、バナナ売りだって何でもいいんだ。長い間僕の中にあった、大きな塊が溶け出していく。

「知ろうと思うから逃げていく」

博士の言葉は続く。

「動くと見えてくる」

僕は息を飲んで耳を澄ます。

「これをしなければいけないような気がする、心の奥底でそんな思いが湧き上がったら、良いことなら行動に落とす。誰かに迷惑をかけるならやめる」

理屈はシンプルだ。

「一歩前に出ると視野が変わる。やってみればいいんだよ。正しいと信じることをやってみて、予想外に迷惑をかけるようなことになったら詫びるんだ。反省して、後悔して、そしてまた正しいと思うことをやってみる。ただその繰り返し」

水滴が一滴、僕の心の奥に着地した。静かな静かな心の奥で、キレイな輪が次々に広がっていく……。

僕のコアの言葉は「僕を、認めて欲しい」。

さて、どうしたものか。僕が持っている才能の種で、僕を認めてもらう。その活動が仕事になればきっと楽しい。どうやって僕を認めてもらおうか。僕の持っている才能の種を整理しないと。僕に何ができる？　小学一年生の時の経験が強烈過ぎて意識してこなかったけど、書いて伝えることって得意かも。だって、事実、何度も表彰されてきたんだしね。小説家……。飛び過ぎだよね。でも、どこかに寄稿したり、台本書いたり、プログラム作ったり、ＳＮＳで発信したり、おっ、思った以上にいろいろあるよね。今、気づいた。そんなことならできるかも。

やっぱ、自分でも何かを発信していきたいよね。ずっとそう思ってた。これって僕が聞こうとしていなかった僕の声だったんだ。お笑いが好きだし、やっぱり漫才師になるという手もある。そうすれば、僕の発信で誰かが笑顔になる。いやいや、それはさすがに非現実的だ。あ、今、思いついたけど、人が集まってくる場を提供する。これ自体が発信だしね。いいねぇ。それを仕事にできればきっと楽しい。

僕の奥底からどんどんと際限なく様々な言葉が湧き上がってくる。

僕の発信で、多くの人を喜ばせてやる！

多くの人を元気にしてやる！


僕の様子を眺めながら、博士が尋ねる。

「突然だけど、過去の自分がタイムマシンで目の前に現れたら、なんて声をかける？」

えっ？　これはなかなか難しい質問だ。

これから起きる困難を教えてあげようか。それとも、僕を裏切る人の名前を伝えようか。いやいや、そんなことしたって、きっと過去の僕のためにならない。そうだ、僕がこの後、身につけていく武器を教えてあげよう。このまま頑張っていれば、こんなことができるようになる。あんなことだって実現できる。そうだそうしよう！　それって、きっと過去の僕の元気に繋がると思う。困難を乗り越えてきた今の自分が身につけてきたことを、まだ乗り越えていない過去の自分に教えてあげるんだ。今の僕からそんな話を聞ければ、過去の僕は、きっと自分を信じて、自分の才能の種を活用しながら充実体験を回していくことができる。いいねぇ〜。

ちょっと待って！　また今、気づいてしまったぞ。え〜、驚きの事実なんだけど、今の僕は、過去の僕から見ると未来の僕だけど、未来の僕から見ると過去の僕だ。つまり、僕は過去の僕でも未来の僕でもある。今の僕の中にはタイムマシンに乗る側と迎える側、どちらも共存している。え……、絶句なんですけど。でも、なんだか本質が見えてきたような気がする。

未来の僕が、過去の僕に問いかける。

「今、自分らしく生きているか？」

過去の僕が未来の僕に答える。

「今の僕は死んでいる」

僕の膝がピクっと動いた。脚に一気に血が通う。僕はいとも簡単に立ち上がった。立ち上がるってこんなに簡単だったんだ。景色が変わった。


僕は博士を見つめて口にした。

自分軸は、僕が他人に与える価値でもあるんだね。

博士は答えた。

「そう、だから、すべての人に、価値があるんだ」


すっかり夜になっていた。空を見上げた。たくさんの星が輝いている。最も近い恒星って、なんだっけ？　僕はふと考える。

そういえば、子供の頃、天体が好きでよく天体望遠鏡をのぞいていた。欲しがる僕に、父親がプレゼントしてくれたんだ。そう、確かケンタウルス座のアルファ星で約四光年。近いと言っても、めちゃくちゃ遠いなぁって僕は思っていた。そうそう、思い出したぞ。織り姫さまがいるベガまでは二五光年。彦星のいるアルタイルからベガまでの距離は一六光年。思い出すことすらなかった、懐かしい記憶が蘇る。

今日は誰かを誘って、レガーメでスパークリングワインを飲もう。星を眺めながら、僕はなんとなくそう考えた。

まるで宇宙が晴れ上がるかのように、僕の心の霧が晴れていく。

何十年、何百年前に星を出発した光が、今を生きる、僕の頭上に降り注いでいる……。

X＝Xの章

5

タイムカプセル

あれから五年が経過した。

あの日、博士とのセッションを終えて帰宅した私の顔を見るなり、当時三歳の娘はこう言ったんだ。

「ママ、ちゅよくなったね」

私は度肝を抜かれた。この娘には何が見えていて、何を感じているんだろうって本当に思った。でもそれくらい、あの日、私は大きく変わった。あの日、博士と構築したビジネスコンテンツを絶対に成功させて、この娘を幸せにしようと誓った。

でも、あの日以来、〝頑張る〟って感じじゃないんだ。ここ大事なところだからよく聞いてね。なんて言うか、〝頑張る〟というより〝突き動かされる〟感じ。身体の奥から、何か推進力のようなものが発動してる感じなんだ。これがきっと博士が言う「自分軸に突き動かされる」ってことなんだと思う。

あれ以来、仕事が何もかもうまくいったわけじゃない。逆に、何度もチャレンジして、何度も何度も失敗した。でも、全然つらくないんだ。そのたびにその時の自分の枠を超えていった。今日の百二〇％は明日の百％なんだと思う。それを何度も何度も繰り返した。そのたびに私は大きくなった。

そして今、私の夢は叶いつつある。お母さんたちの居場所サロン。お母さんたちの生命力を上げるアロマコーチング。

今の私には応援しあう仲間もいる。

これからもいろいろあると思うけど、もう大丈夫だという自信がある。その理由は、私の中に、自分で自分を救える強さが備わったからだと思う。だって立ち返る軸があるんだもん。ブレないんだから強いよ。それが自分軸。

そうしてチャレンジする私をずっと見てきた娘も八歳になった。彼女は言う。

「私も、ママみたいに強くなれるかな」

私は答える。

「なれるよ、だって、ママの子だもん」


子供時代の経験から、自己表現ができなかった私。でも、博士のコーチングを通じて、感情を出すことは恥ずかしいことじゃないと思えるようになった。感情が溢れ出てしまうってことは、つまり生きているってことなんだと思う。この国では、感情を出すことはみっともない、恥ずかしい、子供の頃からそう教わる人が多いはず。感情って、子供の頃は抑圧されて、大人になると表現が制限されてしまう。でも、感情を共有するってことは、相手に自分を知ってもらうこと。結果、自分を理解してくれる人が増えるんだよ。

感情を共有することができたら、自分はどんな時に心が揺れて、どんな時に心が喜ぶのかを丁寧に見つめる。そうすることで、人はどんどん進化していける。でも間違えないで。理性が外れて感情が噴火してはダメ。それは、共有じゃなくて、暴走だからね。よく噴火する人は、きっとたくさんの痛みを抱えている人。感情を共有できる人が増えれば、理解者が増える。世界がそれだけ優しくなるんだ。それって素敵なことだと思わない。どうすればいいかって？簡単だよ。恥ずかしがらず、とにかく感情を分かち合うんだよ。そう、まずは、大切な人とね。

あの日、「助けて」という私自身の声を確かに聞いた。そのことが私の人生の重要なターニングポイントになった。

多くの人にとっては、「助けて」って簡単に何気なく言える言葉かもしれない。でも私には「助けて」という概念そのものがなかった。「助けて」と口にすることを、自分に許可できなかったんだ。

でも、私みたいな人って案外いるような気もする。本当は助けて欲しくて、守って欲しくて、でも、口に出せずに自分に自己犠牲を強いて生きている人。そんな人たちに気づいてもらいたいんだ。私みたいに「助けて」って言っていいんだよ、周りを頼っていいんだよってね。私はそんな人たちに手を差し伸べたい。あなたが思うほど、あなたはダメじゃない。誰もが、どんな自分も許すことができる。そんな世の中をつくりたい。そう思って、ビジネスコンテンツを発展させてきた。

私が今、エステやアロマと共に取り組んでいるのが『七世代コーチング』。聞いたことない名前でしょ。そりゃそうだよ。だって私が自分でつくったコーチングだからね。独自のコーチングでいい世の中にしようと頑張る博士に対抗したんだ。ネーミングの由来はネイティブインディアンの教え。

「In our every deliberation, we must consider the impact of our decisions on the next seven generations.」（どんなことでも七世代先のことを考えて決めなければならない）

これってすごいと思わない？　木を一本切るのも、魚一匹を捕る時も、七世代先の子孫に与える影響を考えて決めるっていうんだよ。

私はね、今を苦しむ人たちに、七世代先の子孫の幸せへと繋がっていくような心のコミュニケーションを実現したいんだ。『自己対話』『他者対話』『チーム対話』という三つのステップを踏みながら、親が子に、あなたが子供に伝える言葉が、未来へ、未来へと幸せを繋いでいくんだ。

あの日まで、「助けて」と言えなかった私が、今はたくさんのスタッフや生徒さんに助けられながらこのコーチングを拡大しているんだ。

誰もの心の中にある、重い重い扉を開き、自分らしく自分を生きること。自分らしく頑張ること。そして幸せな人生へといざなってくれる。そんな奇跡の体験をさせてくれた博士のコーチングを心から尊敬している。

そうそう、プライベートにも、劇的な変化があったんだ。

実はね、四年半前、四歳になった娘を連れて訪れた音楽イベントで私は衝撃を受けたんだ。ある男性が弾いている三味線の音が…、なんていうか、そう、とっても優しかった。三味線って、こんなに優しい音色を出すんだって感動した。演奏後、彼を目で追うと、イベントの裏方に走り回ったり、バーテンダーやったり。とにかく大活躍。ここまでキャパが広い人はいないって思った。近づいて話をすると、イケイケの声。前にも話したと思うけど、私は超のつくイケボフェチ。この瞬間に彼をロックオン。そしてこの瞬間から好き好き光線を出しまくって猛アタック。とにかく彼に会えるところならどこへでも行ったんだ。そして機会をつくっては隅々まで褒めまくった。褒めることって絶対大事だよ。

ただね、褒め方にはポイントがあるんだ。教えるね。それはね、服や外見ではなく、相手が努力してきたことを褒めるんだよ。そのために、背景を聞くんだよ。だから、褒めるってことは聞くことだってのが私の持論。でも、「大好き」、この褒め言葉だけは言わないようにしていた。だってこれだけは、もっともっといい感じになった時にとっておこうと思ってね。

「あなたが弾く三味線の音が好き。もっとうまい人も、プロもたくさんいるだろうけど、あなたにしか出せない音だよね。その音が出せるということは、普段からいっぱい努力してるでしょ。教えて。・・・・・・。それってすごいすごい。弦楽器は繊細だからね。あなたの素敵さを、私は三味線の弦を通して感じるの」

褒めることで自己評価を上げてもらうことが恋愛には大切。

だって人を好きになるのも、誰かを幸せにするのも、自信が必要でしょ。ふふふ。

彼はね、変わっているのに協調性があるっていう不思議な人。付き合いが深くなればなるほど、私を鳥籠に閉じ込めるような男性が多かったけれど、まったく逆。

「なんでも自由にやれ」

そうずっと言ってくれた。私がちょっと変わった決断をしても、「もっとやれ！　もっとやれ！」って煽るんだ。娘もなついちゃって、彼のことを〝トト〟って呼ぶようになった。もう逃げられないよね。

そして少し前までは想像もしていなかったことだけど、まさかの再婚！

当時四歳の娘が、結婚式の朝、こう言ってくれたんだ。

「私は生まれ変わっても、ママとトトの子供に生まれ変わりたい」

結婚式の朝だよ。涙腺崩壊。崩壊も崩壊、大崩壊。ナイアガラの滝だよ。人生でこんなに嬉しいことはなかった。

「ここまで頑張ってきて良かったよ……」

私は彼の前で泣きながら、そう声にならない声を絞り出していたんだ。

三ヶ月ほど前、学生時代の同級生とイタリア料理のお店でディナーしたんだ。お店の名前は、確か、そうそう『レガーメ』。お店の人に聞くと、イタリア語で、『絆・繋がり』って意味らしい。彼は、注射器の針を作るメーカーで働いていると言ってた。たまたまそのお店で出会った彼の友人、つまり知人Bの男性がやたら暗い表情をしていた。ネガティブなことばっか口にしてるし、顔だって腫れていた。きっと毎晩不健康に飲んでいるに違いない。博士に会う前の私と、少しだけ重なったんだ。だからだと思う。私の口から、あの時の言葉が思わず出た。

「騙されたと思って会ってごらん」

どうなったか気になっていたんだけど、昨日、博士から連絡が来たんだ。彼、博士のコーチングを受けて、会社を辞める決断をしたらしい。驚きだよね。勤めていたのは誰もが知っている超一流企業なのにもったいない。

でも、博士のコーチングを受けたからこそ言えるんだ。この人生、自分らしく生きていない方が絶対にもったいない。誰だって輝けるのに、無理して輝いていないって絶対に損。

博士によると、彼は伝達能力に優れているらしい。その才能の種を活かすために、小さなイベント会社に転職したんだって。そこで働きながら、雑誌のコラムを書いたり、笑える動画の投稿をしたりしながら活動していくみたい。誰もが知ってる大企業から、小さなイベント会社ってすごい転職だよね。どこかで見かけたら応援してあげないとね。でも、博士のコーチングはまだまだ続くみたいだからきっと大丈夫。

自分軸発見ワークショップで私の隣にいた、大きな目をしたショートヘアーの女性。彼女は、博士の協会のメンバーとして本格的に活動を始めているらしい。積極的にあっちこっちのイベントにも参加しているみたい。それに、博士の友人の作務衣のユーチューバーと一緒に、笑いの取り方を勉強してるっていうんだからすごいよ。楽しく伝えることで、できるだけ多くの人に博士流の東洋型コーチングを知ってもらいたいって息巻いてる。彼女らしいよね。

相方の作務衣のユーチューバーはあっちこっちの商店街を活性化させまくってるんだって。博士を中心にみんな頑張ってるよね。

そんな私は今、二人の娘と一緒に手を繋いで歩いてる。今年、八歳になった娘と、三歳になる娘ね。

そうなの、新しい主人との間にも子供が生まれたんだ。しかも女の子。生まれてもう三年になる。上の娘が、「妹が来る」と言っていた言葉が現実になったんだ。まさかこんな日が来るとはね。もちろん姉妹はめちゃくちゃ仲が良いんだよ。上の娘は毎日学校から帰ってくると下の娘を探して、ギュッと抱きしめているんだ。本当に幸せ。

友人とは海外にアロマのお店を出そうかと計画もしている。そんな今でも、私は博士のコーチングを受けている。年に数回だけどね。何か決断が必要な時、決断する前に、私が持っている才能の種と、世の中の流れなんかを合わせて、私に合っていることかどうか相談するんだ。それが私の人生のコツ。


今は上の娘が卒業した保育園に向かっている。

五年前にみんなで描いた絵を入れたタイムカプセルを開く日なんだ。でも正直、私は保育園から連絡があるまで忘れていた。娘は保育園時代の友達と会えると張り切っている。確か、妹と手を繋いでいる絵だと先生が教えてくれたような記憶がある。本人は五年前に描いた絵なんてきっと覚えていないだろうけど、見ればどう思うんだろうか。なんとなく楽しみな気持ちが心の上の方でユラユラしている。

保育園ではカウントダウンが始まっていた。懐かしい顔のお母さんがいる。子供たちもみんな輝いている。ワクワクしている人たちが集まると、空気がキラキラするんだと思った。ちょっとおめかしした園長先生が登場した。園長先生の顔を見るのも久しぶりだ。

「それでは、タイムカプセルを開きます！」

ワーッと歓声が上がった。子供たちがカプセルの周りにワサササッと集まる。先生が名前を呼んで、一人一人に絵を手渡している。

「大きくなったねぇ」

そんな言葉が聞こえてくる。絵をもらった子供は目を輝かせてお母さんのところにかけもどる。絵を見ながらあちこちで、話が弾んでいる。

少ししたら娘が戻ってきた。目をキラキラさせながら絵を見せる。

「ホラね！　私の言う通りになったでしょ！」

私は絵を受け取った。三歳児らしい可愛い絵に、顔がほころぶ。

うんうん、この絵を描いた二年後だよね。言った通りに妹ができたね。頑張ってきて良かった……。心底そう思った。その直後、私の口から声にならない声が出た。

「えっ？」

娘が小さな妹と二人で手を繋いでいる絵。聞いていた通りなんだけど、そうじゃなくって、そんなんじゃなくって、そこじゃないの。そこじゃないのよ。そう、言う通りになったというのは、そこではなかったの。

小さな妹の絵にはね、……名前が、正しく添えられていたんだ。

「未来は存在していていた……」

私はつぶやいた。

「そう、その意見に僕も賛成だ」

誰かの声が聞こえた。

エピローグ

「ああ、愛する妻よ……」

ある男は、たどり着いた房総の地に立ち、力なく呟きます。すると一人の部下が近づいてきました。手に何かを持っています。

「岸に、これが流れ着いていました」

目をやると、それは愛する妻の着物の片袖でした。

その夜、男は片袖を握りしめたまま眠りに落ちようとしていました。悲しみは癒えませんが、涙は枯れてしまったようです。頭上には、数多くの星が輝いています。昼間の嵐が嘘のような静けさです。少しずつ薄れる意識の中、男は、とくに美しく輝く〝五つの星〟に気づきました。

「必要なものはすべて与えている」

〝五つの星〟は瞬き、天の声が聞こえます。穏やかな気持ちが心を支配します。

「星が自分を導いてくれている」

そう思いました。

生まれて初めて自分の居場所を見つけた気分です。

この日、男は〝五つの星〟の声を聴き、自分の宿命を知ったのです。

〈完〉

ちょっと長めのあとがき

工学博士／ミッションメンタリング協会代表理事　篠田法正

近年、迷っている人が増えています。

将来の展望を描けない人が、街、職場、学校、家の中に溢れています。

先行き不透明な社会の中、生きがいを感じられない人、居場所がない人、孤独を感じている人、対人関係に苦しむ人、経済的に困窮する人がいます。そして、それは年齢や性別を問いません。

多くの人が、どうすれば自分が幸せに輝けるのか、わからなくなっているのです。

『自分を知って自分らしく充実体験を回す。ただそれだけで、誰もが輝ける！』

本書のテーマである〝ミッションメンタリング〟は、今を苦しむ多くの人に届けたい、私が開発したオリジナルのコーチング手法です。

私は、名古屋大学の大学院を卒業し、当時の三井東圧化学（現三井化学）に就職します。そして在職中にカーネギーメロン大学に留学し、のちに博士号を取得したバリバリ理系の研究者です。

しかし、一九九七年、三井東圧化学は三井石油化学工業と合併、今の三井化学に生まれ変わります。その結果、社風が一変することになります。

一方の私も、勤めるうちに職位が上がり、やりたい研究ではなく、チームのマネジメントをしなければならなくなります。自分らしく仕事ができない状態が続き、四五歳でまったくの未経験、畑違いの経営コンサルタントとして独立します。


経営コンサルを始めた当初、当然のようにうまくいかない日々が続きます。そんなある日のビジネス交流会で、私は、先輩経営コンサルの成功話を聞いて驚きます。経営課題を〝陰陽五行〟という東洋の発想で解決をしていたのです。西洋的な発想しかできなかった私は、衝撃を受けました。その彼が私にこう言ったのです。

「算命学、学んだらいいよ。一部の優れた経営者はもう取り入れているよ。ただ、決してそのことを口外しないけどね」

この言葉が、私の頭の片隅にずっと残っていたのです。

そうして興味を持った算命学です。当初は、生年月日を入れて占うツールを買って遊ぶ程度でした。そのうちに、ほとんどの人が腑に落ちるということに気づきます。当たるんだから仕方がありません。使えば楽しいし、人をひきこめる。女子大生とも仲良くなれる。

でも、バリバリ理系人間の私にとって、科学的に証明できないものを信じるわけにはいきません。「なんとか理屈を知りたい！」と書籍を読み漁ります。そんなある日、たまたま訪れた木更津の本屋さんで、店主の奥さんに声をかけられます。

「来週の土曜日、すごい先生を呼んで講演会やるんですが、参加しませんか？」

聞いてみると、日本ＩＢＭの専務まで務めた、鴇田《ときた》先生というバリバリ理系のビジネスパーソンです。そんな人が、算命学を教えてくれる。もしかしたらロジックを学べるかも。私はそう思いました。たまたま一名だけ空いているという偶然もあり、私は受講を決めました。

当日、参加して驚きました。

鴇田先生は、算命学を元に、憲法が発布されてから一〇年ごとの時代論を見事に解説するのです。しかも見事に言い当たっている。個人や会社の課題解決どころではなく、国や世界全体をも包括するスケールの大きさに、空いた口が塞がりません。理屈を知りたくて仕方がなかった私は、帰ってから鴇田先生に長文の手紙をしたためます。そしてお会いさせていただいて、私は自分のミッションを言葉にします。

「これを使える人になりたい」

そして二〇一〇年、鴇田先生を招いて月に一度の勉強会がスタートします。

お気づきの方もいらっしゃると思いますが、ミッションメンタリングは算命学をベースにしたコーチングです。算命学は東洋に三千年続く悠久の知恵で、帝王学です。

本編中の、充実体験を回す五つのサイクルというのは〝木火土金水〟という陰陽五行の流れです。五行の流れに沿って行動することで充実体験は回るのです。

世の中には、算命学を占いだと切って捨てる人がたくさんいます。確かに占いだと捉えることも可能でしょう。でも、ミッションメンタリングでは算命学を、自分の才能のタネを知るツールとして捉えています。その上で自分を振り返って腑に落ちるんだから仕方がない。自分のミッションを見つける立脚点にする。それはジョブズが自己観察のために活用したという『他者との対話』と同義なのです。

講師で作家の夏川さんとは二〇二二年、ひょんなことで知り合いました。京都大学卒業の元祖京大卒の吉本芸人という経歴に驚きました。お酒を酌み交わしながらミッションメンタリングについて話すうち、算命学を占いだと切り捨てる人たちを、こちらからも切り捨てるのではなく、逆にそんな人たちにも届けようではないかと意気投合しました。その場で、算命学、陰陽五行といった言葉を一切使わず、誰にもできるだけわかりやすく、入口を広げて伝えるというコンセプトが生まれたのです。

そしてできるだけリアリティを持たせるために、登場人物はすべてミッションメンタリングに関わっている実在の人物をモデルにしています。

私という実在の人物（ノンフィクション）と、実在の人物をモデルにした架空の登場人物（フィクション）とが織りなすモノローグは絶妙のテンポで進行します。初稿を読んだとき、私以外の誰にも名前がないことに驚きました。しかし、これは夏川さん流のフィクションとノンフィクションの書き分けなのかもしれません。

夏川さんの才能は、講師としての卓越した話術や笑いの理屈の探究心として表れていますが、なんと言っても一番の魅力は、どこか世間を斜めに見るような鋭い感性です。

本書には、そんな夏川さんの独特の感性があちらこちらに散りばめられています。

「人生の方向を見極めるのに、占いを使うなんてあり得ない！」と思っていた方が少しでも、本書を読んで、「これなら、使ってみてもいいかな」と思い直すキッカケになれたら大成功です。

ミッションメンタリングという名前には、相手のミッション（自分軸）を引き出し、メンターの姿勢で接するという意味が込められています。

メンターは、相手にとって尊敬と信頼の対象でなければなりません。つまり、自分の姿勢（あり方）が問われます。自らも明確な自分軸を持ち、自立型姿勢で問題に立ち向かう姿勢を見本として示し続ける必要があるのです。うわべのやりとりや小手先のテクニックからは、本当の輝きは生まれません。

本書の中で、〝僕〟と〝私〟がやっとのことで絞り出した〝心のコア〟と〝自分軸〟は、そういったミッションメンタリングの前提となるものです。詳しくは、前著「東洋の成功法則」をお読みいただければ幸いです。

ミッションメンタリングは算命学の宿命分析を活用しますが、算命学と異なる特徴は、トイロキャラと呼んでいる一〇種類のキャラクターです。算命学の貫索星《かんさくせい》、鳳閣星《ほうかくせい》などの十大主星が、ストレート、イノセントなどのわかりやすい名前に置き換えられ、それぞれの性質や特徴を視覚化したイラストで表現されています。

算命学を深く学んでいる方から、邪道だとお叱りを受けることは覚悟の上です。私たちは、クライアント自身が才能のタネを自分で理解し、自分で生かし、自立型で人生を充実させていくためには、まず、わかりやすさ、使いやすさが第一と考えたのです。

実際、トイロキャラを活用して感覚的に自己理解を深め、人生を激変させた方が大勢いらっしゃいます。トイロキャラについては、前著「王者の成功占術」が詳しいです。

本文中で〝僕〟は夜空の星を見上げながら、こう思います。

「何十年、何百年前に星を出発した光が、今を生きる、僕の頭上に降り注いでいる……」

また、〝私〟が、「未来は存在していていた……」とつぶやくと、「そう、その意見に僕も賛成だ」、という誰かの声が聞こえてきます。

私たちは、自分次第で、時間も空間も超えることができる。過去、現在、未来は共存している。夏川さんにそう教えられたような気がします。

「僕の膝がピクっと動いた。脚に一気に血が通う。僕はいとも簡単に立ち上がった。立ち上がるってこんなに簡単だったんだ」

これは、私が一番好きなシーンです。本書が、迷いの中で動けずにいる多くの人たちが一歩を踏み出すキッカケになれたらと切に願っています。


最後に、ご協力いただいた、〝私〟こと菜穂子さん、ありがとうございます。今回あらためてインタビューさせていただき、菜穂子さんのまっすぐで前向きな生き方に感動し、インスパイアされました。そして、作務衣のユーチューバーこと佳文さん、隣の席の女性のあさだっち、そして、ミッションメンタリング協会を支えてくれているメンバーのみなさん全員に感謝申し上げます。そして、〝僕〟のモデルは、察するに夏川さんご自身でしょうか。本当にありがとうございます。

少しでも多くのみなさんの人生が輝くものになるよう、これからも力を合わせて、真摯に活動を続けていけたらと願っています。心よりの感謝を込めて……。

◆ミッションメンタリングについてもっと知りたいと思われたら、こちらの協会ホームページをご覧ください。
ミッションメンタリング協会　https://mmp.or.jp/

◆ご自身のトイロキャラは、こちらの協会公式LINEアカウントに友達登録し、「キャラチャート・スタートボタン」を押していただければ簡単にご覧いただけます。
ミッションメンタリング協会LINEアカウント
https://page.line.me/xrd2929u

◆“私”こと菜穂子さんが取り組んでいる7世代コーチングはこちらです。
森 菜穂子 Facebook
https://www.facebook.com/kubota.naoko/

博士が愛する『幸せ』の公式
～僕と私の時空間ストーリー～

2024年11月1日　第1版第1刷発行

著　　者　夏　川　立　也
監　　修　篠　田　法　正
ミッションメンタリング協会　代表理事
工学博士
キャラデザイン　た　っ　ぺ　ん
発 行 者　尾　中　隆　夫
発 行 所　全国共同出版株式会社
〒160-0011　東京都新宿区若葉1-10-32
電話 03-3359-4811　FAX 03-3358-6174
印刷・製本　株式会社アレックス